QFD
Perspectivas Gerenciais do Desdobramento da Função Qualidade

William E. Eureka □ *Nancy E. Ryan*

QFD
Perspectivas Gerenciais do Desdobramento da Função Qualidade

Tradução
Maria Júlia Pereira Quintella

Supervisão
Francisco C. T. Starke Rodrigues
Alfredo Pires de Castro

QUALITYMARK
EDITORA

Copyright© 1992 by the American Supplier Institute

Todos os direitos desta edição reservados à Qualitymark Editora Ltda.
É proibida a duplicação ou reprodução deste volume, ou parte do mesmo,
sob quaisquer meios, sem autorização expressa da Editora.

Direção Editorial
SAIDUL RAHMAN MAHOMED
editor@qualitymark.com.br

Produção Editorial
EQUIPE QUALITYMARK

Capa
QUARTET

Editoração Eletrônica e Ilustrações
SMART

1ª Edição: 1992
1ª Reimpressão: 1995
2ª Reimpressão: 1997
3ª Reimpressão: 2000
4ª Reimpressão: 2003

CIP-Brasil. Catalogação-na-fonte
Sindicato Nacional dos Editores de Livros, RJ

E88q

Eureka, William E.
    QFD: perpectivas gerenciais do desdobramento da função qualidade /
William E. Eureka, Nancy E. Ryan; tradução: Maria Júlia Pereira Quintella. — Rio
de Janeiro : Qualitymark Ed., 1992.

    Tradução de: The Customer-Driven Company: managerial perspectives on QFD

    Apêndice
    ISBN 85-85360-50-X

    1. Controle de Qualidade. 2. Administração de Empresas – Estados Unidos. 3. Administração de empresas – Japão. I. Ryan, Nancy E. II. Título.

92-0989

CDD 658.562
CDU 658.562

2003
IMPRESSO NO BRASIL

Qualitymark Editora Ltda.
Rua Teixeira Júnior, 441
São Cristóvão
20921-400 – Rio de Janeiro – RJ
Tel.: (0XX21) 3860-8422

Fax: (0XX21) 3860-8424
www.qualitymark.com.br
E-Mail: quality@qualitymark.com.br
QualityPhone: 0800-263311

Apresentação

A maioria das empresas brasileiras está consciente de que estamos vivendo a "Era dos Consumidores"; no entanto, não sabe exatamente como atendê-los melhor. As primeiras páginas dos livros dos "gurus" da Qualidade dizem que os consumidores devem ser reverenciados como verdadeiros reis. Nas demais, ensinam técnicas para aperfeiçoar os processos produtivos, além de introduzirem as mudanças comportamentais tão necessárias para reforçar a abordagem preventiva e implementar a gestão participativa. Os consumidores não são mais lembrados.

A técnica do QFD (Desdobramento da Função Qualidade) é a que permite a introdução dos desejos dos consumidores nos projetos dos produtos e serviços. Através do QFD, equipes multidisciplinares, envolvendo principalmente os especialistas em Qualidade, marketing e engenharia de processo e de produto, identificam e quantificam os diversos requisitos que satisfarão os clientes. Mais ainda, a técnica permite a comparação permanente da situação das empresas, em cada requisito, frente à concorrência. Em rápidas palavras: o QFD é a ferramenta que faltava para que as empresas pudessem colocar os consumidores num lugar de destaque.

A publicação em português do livro *QFD — Perspectivas Gerenciais do Desdobramento da Função Qualidade*, de William E. Eureka e Nancy E. Ryan, é um marco importante no desenvolvimento dos conceitos da Qualidade no Brasil. Trata-se de uma espécie de "Bíblia" do QFD, que deve ser estudada em profundidade por todos aqueles que andam pregando em nome da modernidade empresarial.

Simultaneamente à publicação do livro, estamos assistindo à chegada ao País do **American Supplier Institute (ASI)**, entidade dirigida pelo próprio Bill Eureka. Da parceria entre o ASI e a TREVISAN AUDITORES E CONSULTORES, sairá vencedor o nosso movimento pela Qualidade e produtividade. Este é mais um passo na direção da integração competitiva do Brasil na cena internacional.

Antonio Maciel Neto
Engenheiro Certificado pela American Society for Quality Control, coordenador do Programa Brasileiro da Qualidade e Produtividade (PBQP), Secretário Executivo do Ministério da Indústria, do Comércio e do Turismo

Prefácio da Edição Brasileira

Quando a concorrência entrou para valer nos mercados, as empresas se deram conta de que, nos seus organogramas, faltava a figura mais importante: o cliente. A partir daí, muita coisa mudou nos conceitos de lucro, custo e gerenciamento do patrimônio humano nas organizações, pela compreensão de que sobreviverá aquele que conseguir produzir bens ou serviços mais depressa, mais barato e melhor.

Estamos, portanto, ingressando numa era onde a competitividade é o novo paradigma. Dentro dessa tendência, a ordem é investir em tecnologia, não só em novas tecnologias para fabricação de produtos, mas, e principalmente, em tecnologia dos processos que tornarão tais produtos mais competitivos, no preço e na Qualidade.

E tudo isso considerando um alvo: o cliente. Porque hoje o consumidor quer ter o melhor pelo menor preço. Ninguém compra mais um produto ruim porque é mais barato, simplesmente pela razão de não considerar mais a hipótese de se abrir mão da Qualidade. O que quer dizer que logo, logo, vai faltar mercado para o bem ou serviço que não corresponder a essa expectativa.

O mais interessante é que a idéia da Qualidade como fator de vantagem competitiva se alastrou muito rapidamente das indústrias manufatureiras para empresas de serviço, destas para as áreas administrativas das organizações e já atinge o marketing e as vendas de forma definitiva.

O futuro de qualquer negócio está na sua capacidade de ter e manter clientes, e é exatamente aí que reside a condição de permanência e lucratividade de qualquer organização. Instalada como estratégia dentro da empresa, a metodologia pela melhoria da Qualidade dá início a um moto contínuo, que vai da satisfação do cliente até influenciar a equipe que produziu aquele bem ou serviço.

O que se percebe é que a Qualidade transforma a empresa em um lugar melhor para se trabalhar, muito porque qualquer um se sente orgulhoso de participar de um empreendimento de sucesso e todos querem ter a sua parcela de contribuição nisso. O sentido do Desdobramento da Função Qualidade, QFD (*Quality Function Deployment*), é o da empresa voltada para o cliente, e as empresas brasileiras têm demonstrado o seu interesse em participar de programas que reservem a elas um lugar de destaque na concorrência dos mercados. O QFD vem a calhar.

Antoninho Marmo Trevisan
Presidente da
TREVISAN Auditores
e Consultores

Prefácio

Como resultado do impacto japonês na indústria americana, um número cada vez maior de corporações americanas está reagindo fortemente aos desafios colocados por suas concorrentes japonesas e empenhando-se na produção de artigos com baixo custo e de "primeira classe" que satisfaçam claramente as necessidades dos clientes.

Hoje em dia, existe um espírito de inovação e fertilidade que está conduzindo a uma reestruturação da América industrial e a novas e excitantes maneiras de fazer negócios.

Nosso entendimento inicial sobre a vantagem japonesa conduziu-nos a focalizar as questões culturais, às quais não podíamos, racionalmente, atribuir o impacto e resultados espetaculares, pois não havia causas conhecidas. Entretanto, à medida que amadureceu o nosso conhecimento sobre a vantagem japonesa, aprendemos sobre as diferenças operacionais que levaram a resultados espetaculares e que ultrapassam as questões culturais. O entendimento dessas questões operacionais conduziu ao conhecimento de ações específicas, ferramentas tecnológicas e metodologias passíveis de aplicação na América, que poderiam alcançar resultados semelhantes.

O Desdobramento da Função Qualidade (QFD) é uma dessas metodologias, especialmente relevante, pois revela o melhor de outras ferramentas e tecnologias. O QFD representa a síntese de uma série de metodologias desenvolvidas nos EUA, mas aperfeiçoadas e integradas pelos japoneses. Não está calcado na teoria, ao contrário, foi desenvolvido pelos usuários e é uma metodologia em contínua evolução, que pode ser adaptada para ir de encontro a uma variedade de necessidades relacionadas com a indústria e os negócios.

O QFD nos ajuda a focalizar os detalhes dos nossos negócios — seja manufatura ou prestação de serviços —, o que resulta em sucesso dentro do mercado. Ajuda-nos também a dirigir as nossas energias para detalhes de alto risco que, muitas vezes, ficam relegados e libera nosso sistema operacional padrão para administrar a diversidade de detalhes de baixo risco. O mais importante é que o QFD nos ajuda a identificar e satisfazer as necessidades dos clientes e, além disso, fabricar produtos focados na finalidade e no custo, numa era em que não fazer isso significa perder mercado.

A implementação do QFD na América começou na indústria automobilística, mas está-se espalhando rapidamente pelos principais setores da indústria. Eu fui testemunha do êxito da implantação do QFD nos EUA, em ambientes automobilísticos e não-automobilísticos, e estou aguardando mais histórias de sucesso à medida que os benefícios do QFD continuem a acontecer. Espero que a natureza criativa de engenheiros e administradores americanos traga aplicações inovadoras do QFD, que excederão em muito o que os japoneses alcançaram.

Este livro foi escrito tendo em mente as expectativas supracitadas e em resposta às prováveis indagações dos novatos nesta metodologia. *QFD: Perspectivas Gerenciais do Desdobramento da Função Qualidade* não esgotará tudo sobre QFD, mas dirá o que os pioneiros pensam e o que aprenderam sobre a metodologia, o que é basicamente o QFD, o que ele envolve e faz e como, onde e quando pode ser mais bem utilizado. Então mãos à obra e dedicação.

William E. Eureka
Vice-Presidente e Gerente-Geral do American Supplier Institute, Inc.
Dearborn, Michigan
31 de Março de 1988

Agradecimentos

A ASI Press gostaria de agradecer a todos abaixo citados a colaboração prestada para que este livro fosse uma realidade.

Michael E. Chupa, Vice-Presidente de Marketing, ITT Hancock, Jackson, Michigan

Dr. Don Clausing, Professor Adjunto a Bernard M. Gordon em Inovação e Prática de Engenharia, Massachusetts, Institute of Technology, Cambridge, Massachusetts

Robert J. Dika, Engenheiro em Garantia da Qualidade, Chrysler Corp., Highland Park, Michigan

Akashi Fukuhara, Diretor-Assistente, Central Japanese Quality Control Association, Nagoya, Japão

James T. Gipprich, Diretor, Desenvolvimento de Marketing, Kelsey-Hayes Co., Romulus, Michigan

Calvin W. Gray, Vice-Presidente de Vendas e Operações Internacionais, Sheller-Globe, Detroit, Michigan

Walton M. Hancock, Decano Associado, Centro de Pesquisa em Manufatura Integrada, College of Engineering, University of Michigan, Ann Arbor, Michigan

Norman E. Morrel, Gerente de Qualidade e Confiabilidade, The Budd Co., Troy, Michigan

George R. Perry, Vice-Presidente de Qualidade e Confiabilidade, Allied-Signal, Inc., Automotive Sector World Headquarters Southfield, Michigan

Robert H. Schaefer, Diretor de Engenharia de Confiabilidade, Garantia e Validação de Produto, Chevrolet-Pontiac-Canada Group, General Motors Corp., Warren, Michigan

Raymond P. Snock, Gerente de Desenvolvimento de Conceitos Avançados de Qualidade, Garantia de Produto, Ford North American Automotive Operations, Dearborn, Michigan

Peter J. Soltis, Especialista Técnico Sênior, Engenharia de Produto, Kelsey-Hayes Co., Romulus, Michigan

Lawrence P. Sullivan, Chairman e Chief Executive Officer, American Supplier Institute, Inc., Dearborn, Michigan

Sumário

1	**O QFD e Você**	**1**
	Desenvolvimento de um Produto Melhor	3
	Definindo Qualidade	7
	A Necessidade do QFD	9
	Enfoque: Prevenção de Problemas	10
2	**A Abordagem do QFD**	**13**
	Estabelecendo os Fundamentos	14
	Construindo a Casa da Qualidade	17
	Sucesso nos EUA	26
	Fases Subseqüentes do QFD	32
	Enfoque: Flexibilidade	36
	QFD no Planejamento Estratégico	40
3	**A Força do QFD**	**47**
	A Qualidade Cresce, o Custo Cai	47
	Fala a Voz do Cliente	51
	Criando uma Base de Conhecimento	51
	Por que QFD?	54
	Integrando Processo e Projeto	55
	Comentários do Campo	57

4	**Dimensionando a Concorrência**	**61**
	Vantagem da Adversidade	62
	Uma Perspectiva Global?	63
	As Indústrias sob Ataque	66
	Considerando as Advertências	68
5	**Onde Está a Diferença?**	**69**
	Retrospectiva	70
	O Que Saiu Errado?	70
	Uma Revisão da Abordagem	74
	O Papel do QFD	77
6	**Dando a Partida**	**79**
	O Esforço da Equipe	80
	Os Primeiros Passos	81
	Aspectos da Implementação	84
	O Apoio da Alta Administração É Essencial	85
	Este É o momento	88
	Conselhos dos Pioneiros em QFD	89
	Apêndice: Métodos Taguchi	**93**
	Termos-Chave de Taguchi	96
	Métodos Taguchi Ganham Seguidores Americanos	104

1
O QFD e Você

É tempo de atualizar aquela velha história do "novo dispositivo". Imagine que a sua empresa acaba de lançar "um novo dispositivo" pela metade do custo e o dobro da Qualidade e da produtividade que o do concorrente, em dois terços do tempo. A contribuição para esta proeza foi devida ao uso do QFD — Desdobramento da Função Qualidade —, um sistema que traduz as necessidades dos clientes em requisitos técnicos apropriados, em cada estágio do processo de desenvolvimento do produto e das ferramentas de engenharia que ele especifica.

Metade do custo, o dobro da Qualidade e produtividade em dois terços do tempo — é isto que o QFD permite alcançar, como ilustra o exemplo real que se segue. A Aisin Warner, uma subsidiária da Aisin Seiki Co., Ltd., Kariya, Japão, principal fornecedora de transmissão para Toyota Motor Corp., usou o QFD para reduzir pela metade o número de mudanças de engenharia durante o desenvolvimento do produto. Também foram cortados pela metade o tempo de desenvolvimento e ciclos de início de produção, melhorando o tempo total até a comercialização. Inúmeras outras companhias japonesas estão usando o QFD com o mesmo objetivo. Elas são — ou serão em breve — a sua concorrente.

O que é exatamente o QFD? George R. Perry, Vice-Presidente de Qualidade e Confiabilidade da Allied-Signal, Inc., de Southfield, Michigan, define o QFD como "uma forma sistemática de assegurar que o desenvolvimento de atributos, características e especificações do produto, assim como a seleção e o desenvolvimento de equipamentos, métodos e controles do processo sejam dirigidos para as demandas do cliente ou do mercado".

O QFD é um sistema que traduz as necessidades do cliente em apropriados requisitos para a empresa, em cada estágio do ciclo de desenvolvimento do produto, desde a pesquisa e o desenvolvimento até a engenharia, a produção, o marketing, as vendas e a distribuição (Fig. 1.1).

Considerada literalmente, a expressão Desdobramento da Função Qualidade pode ser mal-entendida. QFD não é uma ferramenta da Qualidade, embora possa, certamente, trazer a melhoria da Qualidade no sentido mais amplo da palavra; é, isto sim, uma ferramenta de planejamento visivelmente poderosa. Embora tenha sido usado primeiramente pelos japoneses, o QFD tem vários aspectos que se assemelham à Análise de Valor/Engenharia de Valor (AV/EV), que foram processos desenvolvidos nos EUA, combinados com técnicas de marketing.

A expressão Desdobramento da Função Qualidade é derivada de seis caracteres chineses/japoneses: *hin shitsu* (qualidades, características ou atributos), *ki no* (função) e *ten kai* (desdobramento, desenvolvimento ou difusão), como ilustra a Fig. 1.2. A tradução é inexata, além de não ser descritiva do verdadeiro processo QFD: *Hin Shitsu* é sinônimo de qualidades (como características ou atributos), e não de Qualidade.

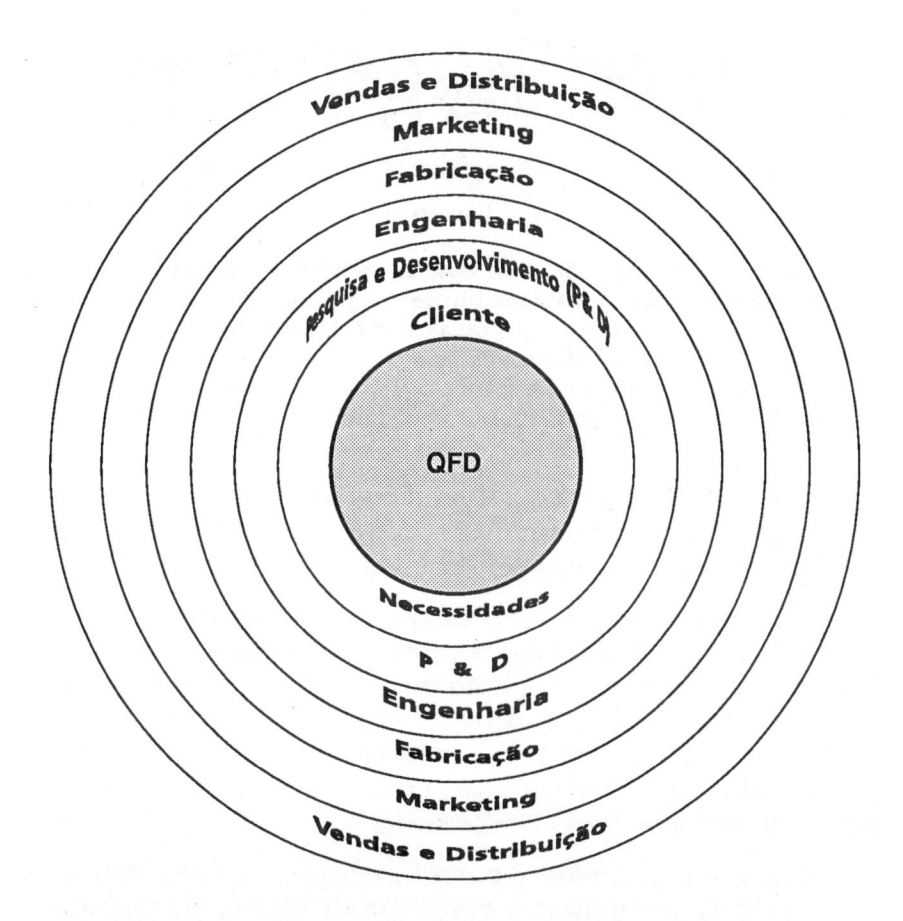

FIGURA 1.1 O QFD traduz as necessidades do cliente em requisitos apropriados à empresa, em cada estágio do processo de desenvolvimento do produto.

Desenvolvimento de um Produto Melhor

O QFD oferece o melhor da variedade disponível das ferramentas de engenharia que, quando aplicado convenientemente, nos ajuda a assegurar a Qualidade dos produtos.

Com o QFD, os objetivos genéricos no desenvolvimento do produto são subdivididos em ações específicas, via um esforço global de toda a equipe. Sem esta abordagem de equipe, o QFD perde muito de seu poder. O processo é alcançado através de uma série de matrizes e gráficos, que desdobram as necessi-

品質　機能　展開

Hin Shitsu	Ki No	Ten Kai
Qualidade	Função	Desdobramento

FIGURA 1.2 A expressão Desdobramento da Função Qualidade é derivada de seis caracteres chineses/japoneses: *hin shitsu* (qualidades, características, ou atributos), *ki no* (função) e *ten kai* (desdobramento, desenvolvimento, ou difusão). A tradução é inexata: *hin shitsu* é sinônimo de qualidades, no sentido condição inerente, atributo, não de Qualidade.

dades do cliente e os requisitos técnicos com elas relacionados, a partir do planejamento e do projeto do produto até o planejamento do processo e o chão de fábrica (Fig. 1.3).

Em resumo, o QFD resulta em diminuição de problemas no início da produção, menos mudanças no projeto, e encurta os ciclos de desenvolvimento do produto — o que é primordial para aumentar a produtividade e reduzir custos. No entanto, o mais importante ainda são os benefícios a longo prazo: satisfação dos clientes, custos de garantia baixos e ganho de maiores fatias do mercado.

Quando o processo é corretamente utilizado, cria um ciclo fechado de melhoria contínua de custo, Qualidade e adequação; produtividade, lucratividade e posição de mercado. Cada um desses elementos aparece com destaque no QFD; juntos, esses elementos identificam uma força na concorrência — força esta de que estão agora se aproveitando os japoneses (Fig. 1.4).

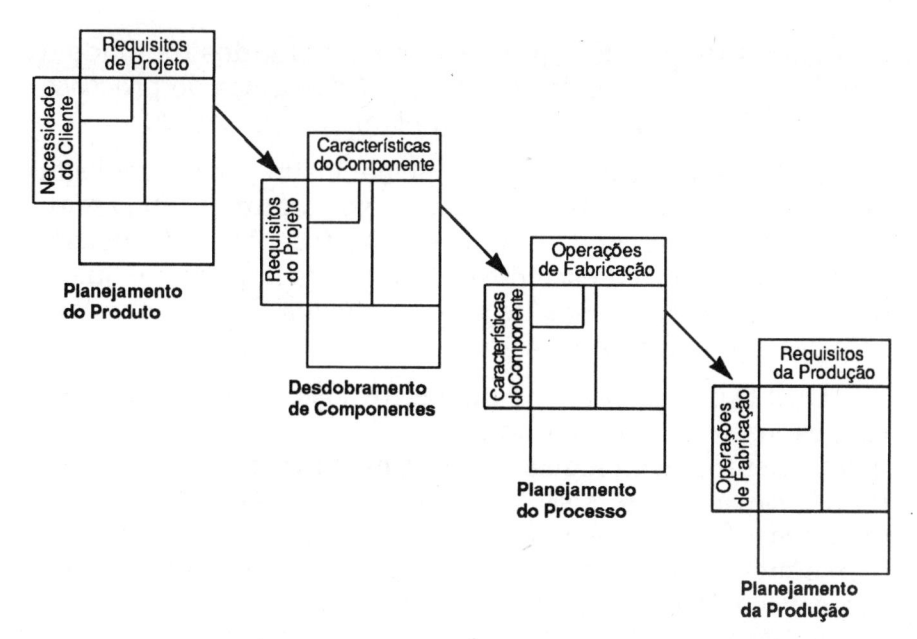

FIGURA 1.3 As matrizes e gráficos do QFD desdobram as necessidades do cliente e os requisitos técnicos com elas relacionados diretamente com o chão de fábrica.

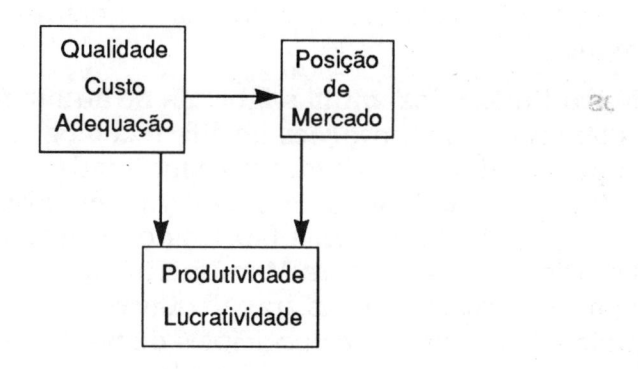

FIGURA 1.4 O emprego do QFD resulta em mehoria de custo, Qualidade e adequação, acarretando um aumento de produtividade e lucratividade e, finalmente, posição de mercado.

A "Casa da Qualidade", primeira matriz do QFD, serve de base para suas fases seguintes. A informação fornecida nessa fase inicial do QFD é usada para identificar os requisitos específicos de projeto, que devem ser atingidos de modo a satisfazer as necessidades do cliente. A mecânica do processo total do QFD será revista mais amplamente no Cap. 2.

O QFD não é uma alta tecnologia, e sim uma tecnologia de média para baixa, baseada no senso comum. O QFD tem, no entanto, um lugar no campo da alta tecnologia: transferir informação de forma eficiente é tão ou mais importante quando se trata de processos de alta tecnologia do que com tecnologias mais tradicionais.

O QFD pode conduzir a uma efetiva geração de tecnologia em resposta às necessidades dos clientes. Isto resulta em investimentos tecnológicos que agregam valor aos produtos manufaturados, ao contrário do que acontece com outros investimentos, que acabam por tornar-se elefantes brancos caríssimos. A implementação de uma nova tecnologia pode agradar igualmente a clientes e investidores.

Como cada vez mais companhias estão descobrindo, a *hi-tech* não é uma panacéia que deve ser receitada toda vez que sua fatia de mercado diminui, embora ela possa, certamente, trazer melhoras às atividades de desenvolvimento de produto após a ocorrência de um planejamento estratégico do produto.

Nos últimos anos, muitas fábricas de automóveis americanas têm recebido inovações de alta tecnologia, mas ainda assim poucas delas alcançaram a Qualidade e a produtividade atingidas pela fábrica da GM/Toyota em Fremont, Califórnia — que não é nenhuma fábrica do futuro. A fábrica da NUMMI (New United Motors Manufacturing, Inc.) é dirigida por japoneses, mas emprega trabalhadores americanos, contrariando a teoria de que os princípios de produção japoneses não funcionariam nas empresas americanas.

"Nós temos que nos tornar bons naquilo que eu chamo de média tecnologia", explica o Dr. Don Clausing, Professor Adjunto de Inovação e Prática em Engenharia, do Instituto de Tecnologia de Massachusetts, Cambridge, Massachusetts. "Temos uma tendência a nos voltar para a alta tecnologia, pois sentimos que aí temos uma margem de manobra."

Clausing, que anteriormente atuou como engenheiro-chefe no Setor de Atividades de Desenvolvimento Avançado da Xerox Corp., tomou conhecimento do QFD em março de 1984, durante uma visita à Fuji-Xerox Ltd., em Tóquio, Japão. Sua pesquisa sobre o processo de desenvolvimento do produto na empresa levou-o ao encontro com o Dr. Hajime Makabe, um dos seus principais consultores. Quando voltou do Japão, Clausing partilhou seus conhecimentos de QFD com os engenheiros da Ford Motor Co., Dearborn, Michigan.

Depois, aconteceram várias missões de estudo do American Supplier Institute (ASI), Inc., ao Japão, que concentraram uma crescente atenção no QFD. Agora, nos Estados Unidos começa a difundir-se o QFD — 15 anos após a metodologia ter sido formalizada no Estaleiro Kobe, Mitsubishi Heavy Industries Ltd., Kobe, Japão.

O Estaleiro Kobe constrói navios que são, ao mesmo tempo, grandes e sofisticados. Embora o estaleiro construa apenas um navio desse tipo por vez, os benefícios potenciais de um sistema de planejamento estratégico, que detalha e documenta as relações entre a Qualidade do produto acabado e dos componentes, não se perdem no âmbito da administração da empresa.

Será que esse sistema é necessário nos Estados Unidos? Sim. Indo de encontro à fraqueza fundamental da sociedade ocidental, a falta de planejamento adequado, o QFD pode ajudar a nos salvar das nossas fraquezas e construir nosso fortalecimento. Ele estimula a adoção de uma abordagem abrangente e holística do desenvolvimento do produto, aspecto no qual a indústria americana é carente.

Definindo Qualidade

A maior parte das companhias que estão atuando no mundo de hoje proclama como uma das suas mais importantes metas "fabricar produtos de alta Qualidade" ou "fornecer serviços de alta Qualidade". Mas o que é, precisamente, um produto ou serviço de alta Qualidade? Faça a pergunta mais de uma vez e, seguramente, irá encontrar respostas conflitantes. Será que produtos de alta Qualidade transformam-se sempre em lucro? Obviamente que não. E, mais elementar ainda, o que, exatamente, é Qualidade? Para alguns, ela é conformidade com as especificações. Para outros, ela é muito mais.

O Controle da Qualidade também é objeto de interpretações diferentes. De acordo com o *Webster's Ninth New Collegiate Dictionary*, controle da Qualidade é "um conjunto de atividades (como análise de projeto e amostragem estatística com inspeção de defeitos) destinadas a assegurar Qualidade adequada, especialmente em produtos manufaturados".

Uma outra fonte de referência padrão, o McGraw-Hill Dictionary of Scientific and Technical Terms, prefere a definição: "inspeção, análise e ações aplicadas a partes de produtos em operações de fabricação para avaliar a Qualidade de todo o produto e determinar o que deve ser feito, em caso de mudanças, para atingir ou manter o nível requerido de Qualidade".

O Glossário e Tabelas para Controle Estastístico da Qualidade, publicado pela American Society for Quality Control, por outro lado, define controle da Qualidade como "o sistema de atividades cujo propósito é fornecer uma Qualidade do produto ou do serviço que atenda às necessidades dos usuários; também, o uso desse sistema".

A definição japonesa de controle da Qualidade tem diferenças ainda mais marcantes. A norma Z8101-1981, da Japan Industrial Standard, registra que "controle da Qualidade é um sistema de medidas para produzir bens e serviços de modo econômico e que satisfaçam às necessidades dos consumidores. Implementar o controle da Qualidade com eficiência requer a cooperação de todos na companhia, envolvendo a alta administração, gerentes, supervisores e trabalhadores de todas as áreas de atividades corporativas, desde a pesquisa de mercado, pesquisa de desenvolvimento, planejamento do produto, projeto, preparação da produção, compras, gerência de vendas, manufatura, inspeção, vendas e assistência técnica, assim como controle financeiro, administração de pessoal, treinamento e educação. O controle da Qualidade executado deste modo é chamado Controle da Qualidade Amplo Empresarial – CQAE (também conhecido como CWQC, do inglês *Company-Wide Quality Control*).

Adicionalmente, o conceito japonês da Qualidade parece ser mais abrangente que as características geralmente associadas à Qualidade, englobando o desempenho, características adicionais (opções extras), confiabilidade, durabilidade, adequação ao uso, estética e conformidade com padrões.

Assim como a beleza, Qualidade está nos olhos de quem vê. O observador, no caso das atividades de desenvolvimento do produto, deve ser o cliente. Por conseguinte, qualquer definição da Qualidade deve ser fornecida pelo cliente — é isto que o QFD proporciona. Aquela Qualidade que está no olho do cliente é comunicada via a "voz do cliente".

A Necessidade do QFD

Cada vez mais, os consumidores estão se conscientizando quanto a custo e valor, o que os leva a mudar para fontes alternativas de produtos. Preços com descontos ou promoções podem acalmar, temporariamente, esses clientes e aumentar a participação da empresa no mercado, mas estes incentivos não são uma abordagem viável, em longo prazo, para os negócios. À medida que os competidores lançam incentivos e promoções, o resultado em cadeia é baixar a margem de lucro desse setor industrial.

Esses consumidores conscientes aumentam a demanda por níveis sempre crescentes de Qualidade e, quando não a encontram em determinado produto, vão procurá-la em outro. Um cliente perdido por problemas de Qualidade talvez nunca mais seja recuperado, podendo levar 20 ou mais outros clientes com ele.

O tempo de colocação de um produto no mercado está-se transformando num fato cada vez mais crítico para se obter uma boa posição no mercado. É mais fácil ganhar uma posição no mercado lançando um produto desejável em primeiro lugar a ter de volta estes clientes com o lançamento tardio do produto. Companhias que têm um longo ciclo de desenvolvimento de produto são especialmente vulneráveis. Estes ciclos de desenvolvimento do produto tornam extremamente difícil a previsão dos requisitos do mercado. Reduzir estes ciclos ajuda as empresas a colocar produtos junto aos consumidores de forma mais acurada e acabar com o trabalho de adivinhação na previsão de mercado.

Qualidade, custo, adequação e produtividade são vistos, muitas vezes, como elementos conflitantes que necessitam de mudanças. As melhores empresas japonesas aprenderam, entretanto, a otimizar com sucesso estes objetivos aparentemente conflitantes, fazendo o mínimo de modificações e conseguindo não só aumentar a participação no mercado e os lucros, como também ter clientes leais.

O QFD teve um importante papel nesta otimização, auxiliando na melhoria da Qualidade, na adequação e na produtividade, além de reduzir os custos.

Enfoque: Prevenção de Problemas

As melhores companhias japonesas desdobram a voz do cliente para melhor determinar os atributos importantes de um produto. Então, os engenheiros dessas empresas projetam e fabricam de acordo com tais objetivos, procurando reduzir, na fase final, as variações desses objetivos. Os japoneses concentram-se na otimização do produto e do processo, não somente maximizando o desempenho, mas também reduzindo a variação. Isto resulta num alto e consistente desempenho, de produto para produto e durante a sua vida útil.

Dando ênfase aos esforços no desenvolvimento do produto, os japoneses concentram-se no planejamento e na prevenção de problemas, e não na solução de problemas. O QFD é uma das metodologias usadas para fazer a transição do enfoque reativo para o preventivo — mudando o sentido do enfoque, antes orientado para o controle da Qualidade na fabricação, para o controle da Qualidade na fase de projeto do produto (Fig. 1.5). Isto é feito definindo "o que fazer" e "como fazer", de maneira que resulte num desempenho consistente que satisfaz os clientes.

```
┌─────────────────────┐
│ Controle da Qualidade │
│ no Projeto do Produto │
└─────────────────────┘
           ▲
           │
┌─────────────────────┐
│ Controle da Qualidade │
│    na Fabricação     │
└─────────────────────┘
```

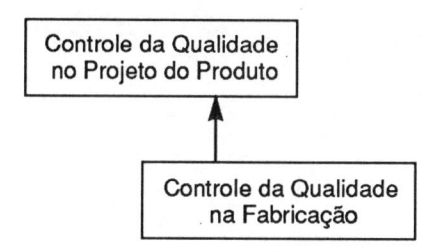

FIGURA 1.5 O QFD resulta numa mudança de enfoque do Controle da Qualidade na fabricação para o Controle da Qualidade no projeto do produto.

O QFD ajuda na obtenção do produto com a Qualidade definida pelo cliente, pela clara definição dos objetivos das tarefas necessárias para alcançá-la. Embora o emprego do QFD não seja *garantia* de sucesso, sem dúvida é grande a probabilidade de atingir o sucesso. Sem o QFD, você tem o que sempre teve. Com ele, uma nova e melhor abordagem para o planejamento do produto.

2
A Abordagem do QFD

"No passado, quando um cavaleiro ia a um ferreiro especialmente para encomendar uma armadura, as coisas eram muito mais simples — o cliente falava diretamente com o ferreiro, que podia, então, fazer o *Desdobramento da Função Qualidade* (QFD) na sua cabeça", explica Don Clausing, do MIT. Mas, no complexo ambiente industrial de hoje, o cliente e o operador do chão de fábrica, que executa o produto do cliente, raramente conversam um com o outro. O QFD traz a *voz do cliente* diretamente para o chão da fábrica.

O QFD desdobra a voz do cliente — *as necessidades do cliente* definidas por uma consulta detalhada, o *brainstorming*, mecanismos de *feedback* e pesquisa de mercado — durante todo o processo de desenvolvimento do produto. Isto significa traduzir as necessidades do cliente em requisitos técnicos apropriados a cada estágio do desenvolvimento do produto e da produção (ver Fig. 2.1).

Desenvolver uma equipe excelente em projetos é um dos aspectos mais desafiadores — e potencialmente gratificantes — do processo. Todas as áreas envolvidas no desenvolvimento do produto devem estar representadas nessa equipe: marketing, planejamento, projeto e engenharia do produto, protótipo e teste, desenvolvimento do processo, produção, mon-

ABORDAGEM DO QFD

Necessidades do Cliente
↓
Requisitos do Projeto
↓
Características do Componente
↓
Operações de Fabricação
↓
Requisitos de Produção

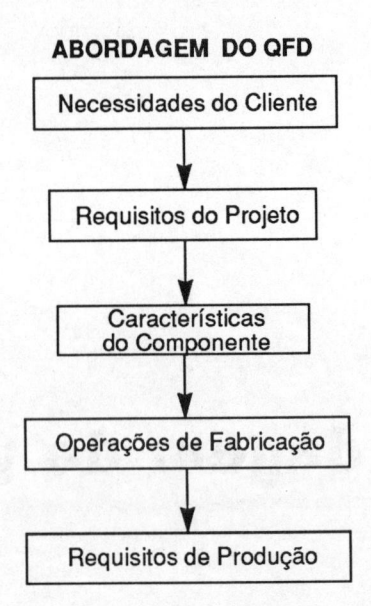

FIGURA 2.1 O QFD traduz as necessidades do cliente apropriadamente em requisitos de projeto, características do componente, operações de fabricação e requisitos de produção.

tagem, vendas e serviços. Todos devem trabalhar para a mesma meta: o produto definido pelo cliente, a ser completado numa data específica e a um custo determinado.

Estabelecendo os Fundamentos

A abordagem básica usada no QFD é conceitualmente semelhante às práticas seguidas pela maioria das empresas americanas de manufatura. O processo começa com os requisitos do cliente, que em geral são características qualitativas definidas sem muita rigidez, tais como "parece bom", "fácil de usar", "funciona bem", "sente-se bem", "é seguro", "confortável", "durável", "luxuoso" etc. Estas características são importantes para o cliente, porém não são quantificadas, e, portanto, é difícil operacionalizá-las.

Durante o desenvolvimento do produto, as necessidades do cliente são convertidas em requisitos internos da empresa, chamados de *requisitos de projeto*. Tais requisitos costumam ser características globais do produto (geralmente mensuráveis), que irão satisfazer às necessidades do cliente se apropriadamente executadas.

Contudo, o desenvolvimento do produto normalmente não se inicia nesse nível global; ao contrário, ele começa junto ao sistema, subsistema ou em nível de componentes. A partir daí, os requisitos do projeto global são traduzidos em *características de componente* críticas, que permitam o desempenho das funções essenciais do produto.

O uso da palavra *componentes* aqui e nas próximas seções é apropriado para produtos que são montagens de componentes mecânicos. O QFD também se aplica muito bem a outros tipos de produtos; por exemplo, combinações de ingredientes, materiais, ou serviços. "Ingredientes", "materiais", "serviços" ou outros termos podem ser substituídos por "componentes" nesta discussão e nas subseqüentes.

Determinar as *operações de fabricação* necessárias é a próxima etapa, que muitas vezes fica restrita a importantes investimentos prévios em instalações e equipamentos. Segundo essas restrições operacionais, são determinadas as operações de fabricação mais críticas para a criação de características do componente desejadas, assim como os parâmetros do processo das operações que mais influenciam estas características.

As operações de fabricação são traduzidas em *requisitos da produção*, que o pessoal do chão da fábrica usará para produzir de maneira compatível os componentes, com as características exigidas. Isto inclui planos de inspeção e Controle Estatístico do Processo (CEP), programas de manutenção preventiva, instruções e treinamento para operadores, assim como dispositivos à prova de erros, para evitar erros inadvertidos de operadores — um completo elenco de práticas e procedimentos que irá ajudar na fabricação de produtos para satisfazer às necessidades do cliente.

Esta abordagem hierárquica não é diferente da que foi utilizada por muitos anos pelas empresas americanas, com vários graus de sucesso. Mas surgem problemas quando algumas dessas traduções não são feitas de modo apropriado. Há muitas razões básicas para a impropriedade dessas traduções, incluindo estruturas organizacionais pesadas e processos complexos no desenvolvimento do produto.

As empresas americanas são normalmente estruturadas com fortes organizações verticais, com relações hierárquicas bastante claras. Quando um novo programa de grande importância está para ser implementado, as linhas de muitos departamentos devem ser igualadas, formando ligações horizontais necessárias para a conclusão do programa. No entanto, as ligações verticais às vezes são tão fortes que o pessoal dos departamentos entra em disputa pelos requisitos do programa.

Os japoneses comparam as fortes ligações horizontais e verticais de uma fábrica a um bom corte de tecido que, para ser bom, deve ter fios fortes, formando uma trama horizontal e vertical resistente (ver Fig. 2.2). Embora os japoneses também trabalhem com linhas organizacionais, as atividades que apresentam cruzamento de funções são fortalecidas pelo emprego do QFD.

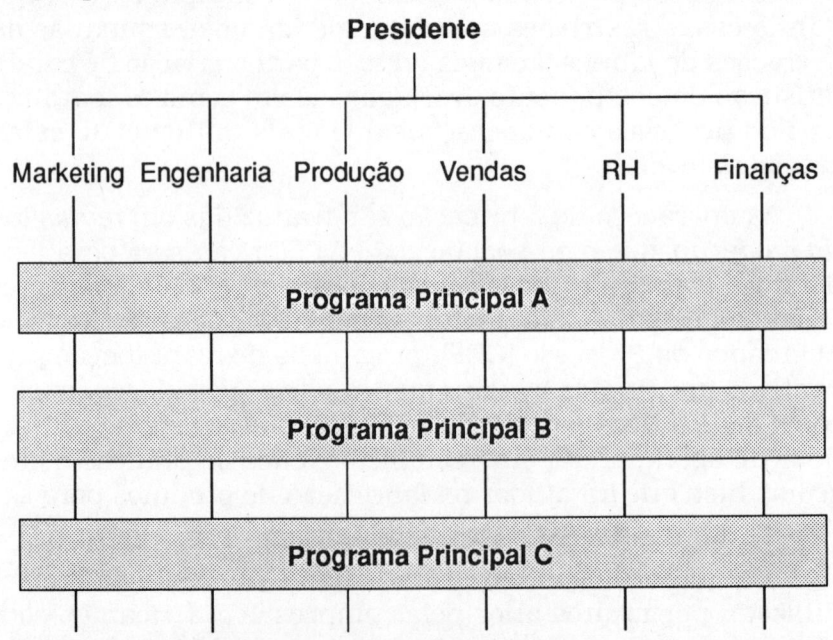

FIGURA 2.2 O QFD ajuda a fortalecer as ligações, tanto na vertical da organização quanto em programas horizontais, o que intensifica o processo de desenvolvimento do produto.

Antes de mais nada, para usar o QFD é imperativo determinar quem é o cliente. Em muitos casos, há mais de um cliente; por exemplo, o usuário final, a empresa para quem o produto está sendo fabricado, e o montador, aquele que estará reunindo os componentes. Em quase todos os casos, haverá clientes internos e externos. Ambos devem ser levados em consideração; mas, se surgirem conflitos, o cliente interno deverá sempre ceder lugar ao externo, assegurando ao usuário final a obtenção do que ele deseja.

O QFD é aplicado por meio de gráficos e matrizes que, à primeira vista, podem parecer muito complexos. Quando divididos em seus elementos individuais, não é difícil entendê-los. De fato, sua premissa básica é similar à da Gerência por Objetivos (MBO, do Inglês *Management by Objectives*) — dá-se ênfase ao *que* deve ser feito e *como* deve ser feito.

Em termos práticos, o QFD pode ser visto como um processo dividido em quatro partes: a primeira e a segunda fases estão voltadas para o planejamento e o projeto do produto, e as outras duas, para o planejamento do processo e as atividades de chão de fábrica. (Na prática atual, o QFD pode assumir muitas formas e incluir muitos processos diferentes.)

No coração da primeira fase do QFD, está a matriz da *Casa da Qualidade*. (É a matriz de correlações, que será descrita adiante, e parece uma construção com telhado — daí a denominação Casa da Qualidade). A Casa da Qualidade (ver Fig. 2.3) é a matriz de planejamento do produto usada para detectar necessidades do cliente, requisitos do projeto, objetivos e avaliações da competitividade do produto.

Construindo a Casa da Qualidade

O resumo que se segue dos componentes da Casa da Qualidade ajudará a esclarecer o conteúdo e a função de cada um: andando pelas divisões da Casa da Qualidade, poderemos entender o que ela é de fato. Mas vamos examinar, primeiro, um tema que é básico no QFD: desde "o que", para o "como" até o "quanto" (ver Fig. 2.4).

Esta passagem baseia-se na estratégia de entradas e saídas (*input-output*). O QFD começa com uma lista de objetivos definidos sem rigidez — os "o quês" almejados. Esses itens "o que" são as necessidades básicas do cliente, que, provavelmente, serão vagas e exigirão definições posteriores

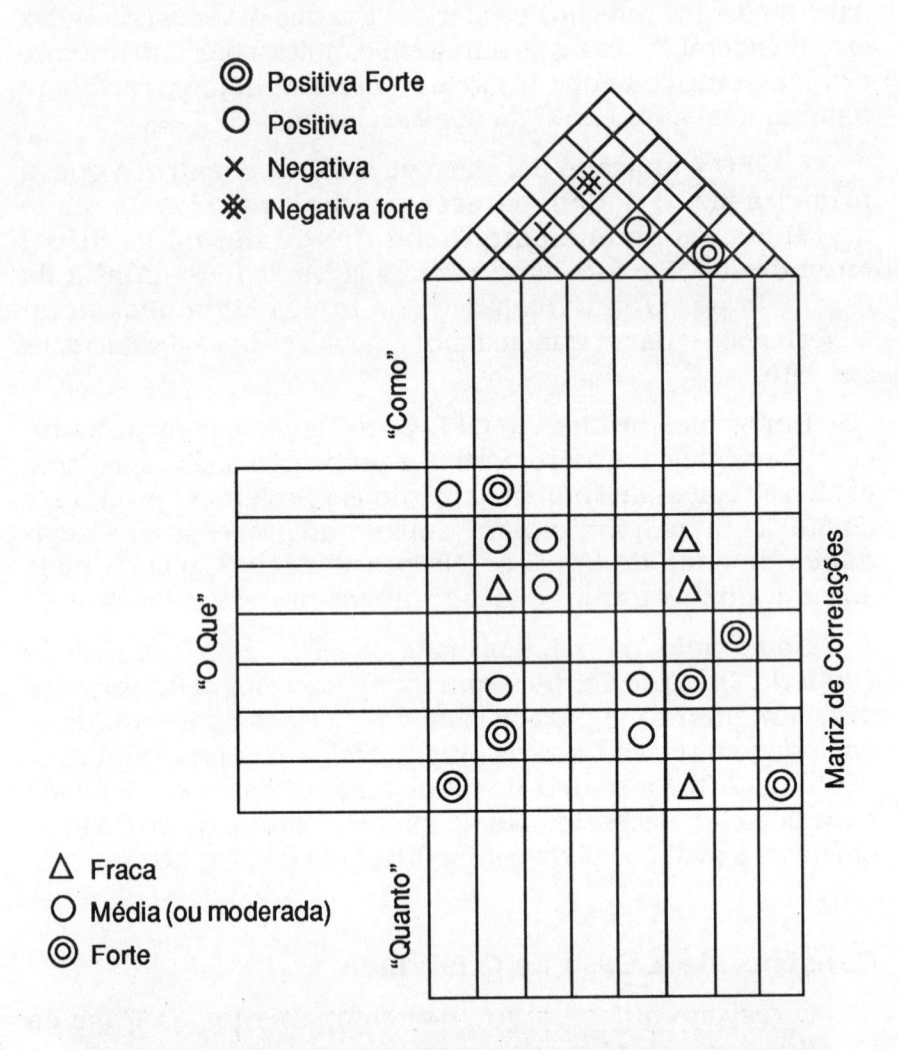

◎ Positiva Forte
○ Positiva
✗ Negativa
✱ Negativa forte

△ Fraca
○ Média (ou moderada)
◎ Forte

FIGURA 2.3 A Matriz Casa da Qualidade de planejamento do produto considera as necessidades do cliente, os requisitos de projeto, os objetivos e as avaliações competitivas do produto.

mais detalhadas. Por exemplo, um certo item "o que" pode ser um excelente cafezinho (ver Fig. 2.5). É o que toda pessoa que bebe café deseja, mas fornecer um cafezinho excelente requer maiores definições.

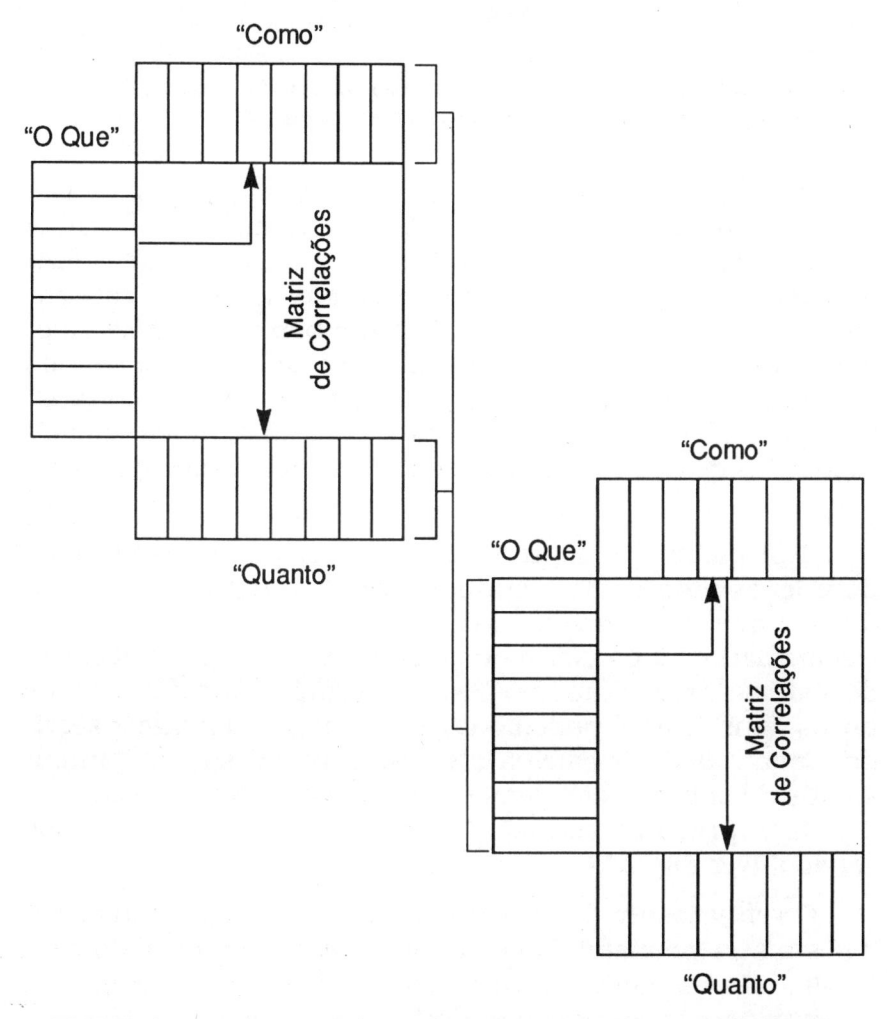

FIGURA 2.4 A passagem do "o que" para "como" para "quanto" é comum à maioria dos gráficos e matrizes do QFD. Esta passagem se baseia na estratégia de *input-output*: itens "o que" são divididos em itens "como" e, então, os itens "como" desdobram-se em novos itens "o que".

Para conseguir essas definições mais completas, cada item "o que" é subdividido em um ou mais itens "como". Este processo é semelhante ao de refinamento de especificações de

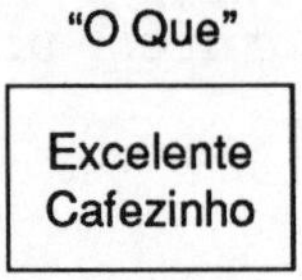

"O Que"

Excelente Cafezinho

FIGURA 2.5 Os itens "o que" são os requisitos fundamentais do cliente — neste exemplo, um excelente cafezinho.

marketing para especificações no nível da engenharia de sistema. As necessidades do cliente são realmente traduzidas em requisitos de projeto. A exigência por um excelente cafezinho pode ser, por exemplo, traduzida por "quente", "estimulante", "saboroso", "bom aroma", preço baixo", "bem servido" e "permanece quente" (ver Fig. 2.6). (Se o cafezinho for servido em restaurante, "servido com um sorriso" e "repetição grátis" também podem ser requisitos dos clientes para itens "como". Condições de uso e exigências do cliente são aspectos correlatos.)

Normalmente, os itens "como" também necessitam de definições adicionais, sendo, então, tratados como novos itens "o que" e novamente subdivididos em itens "como". Isto é semelhante ao processo de traduzir níveis de especificação de sistema para componentes. No exemplo do cafezinho, os novos itens "como" podem ser "temperatura em que é servido", "quantidade de cafeína", "componente do sabor", " intensidade do sabor", "componente do aroma", "intensidade do aroma", "preço de venda", "volume" e "temperatura após servido" (ver Fig. 2.7).

O refinamento do processo continua até que cada item da lista seja acionado. Tal detalhe é necessário, pois, do contrário, não há como garantir o sucesso em uma exigência que ninguém sabe como atender!

Infelizmente, este processo é complicado pelo fato de que alguns itens "como" afetam mais de um item "o que" — e podem ainda sofrer influência mútua. Apenas cerca de metade dos esforços de melhoria do produto é eficaz; os restantes 50% ou fracassam na obtenção de melhorias desejadas ou introduzem algum problema inesperado. Isso ocorre mesmo com engenheiros experientes, pois correlações de tal

"Como"

Quente

Estimulante

Saboroso

"O Que"

Excelente Cafezinho → Bom Aroma

Preço Baixo

Bem Servido

Permanece Quente

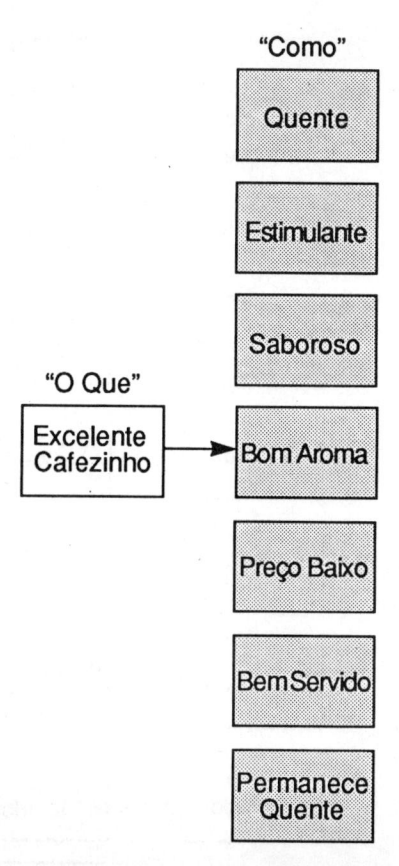

FIGURA 2.6 Os itens "o que" normalmente necessitam de definições mais detalhadas e são subdivididos em um ou mais itens "como" — neste exemplo, "quente", "estimulante", "saboroso", "bom aroma", "preço baixo", "bem servido", "permanece quente".

complexidade não podem ser totalmente compreendidas de uma única vez. A tentativa de esclarecer as correlações dos itens "o que" e "como" começa a ficar confusa neste ponto (ver Fig. 2.8). O QFD propicia o desatamento dessa complexa teia de correlações, através de uma matriz contornada por itens "como" e "o que" que definem tais correlações.

Os itens "o que" definidos pelo cliente são colocados à esquerda da matriz, no eixo vertical. Os itens "como" (requisitos de projeto) são colocados no eixo horizontal, acima da matriz (ver Fig. 2.9).

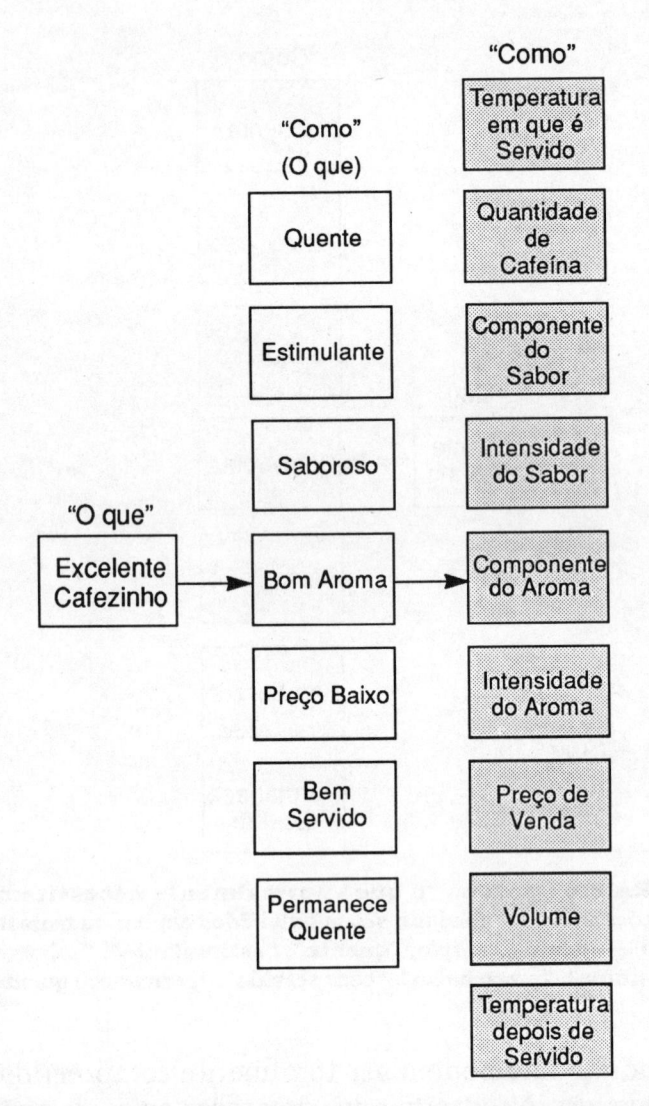

FIGURA 2.7 Os itens "como" também necessitam de definições complementares e são tratados como novos itens de "o que". Estes são novamente quebrados em itens de "como" — neste exemplo, em "temperatura em que é servido", "quantidade de cafeína", "componente do sabor", intensidade do sabor", "componente do aroma", "intensidade do aroma", "preço de venda", "volume", "temperatura depois de servido".

Em seguida, as correlações de "o que" e "como" são representadas por símbolos; símbolos peculiares são usados

"O Que"   "Como"

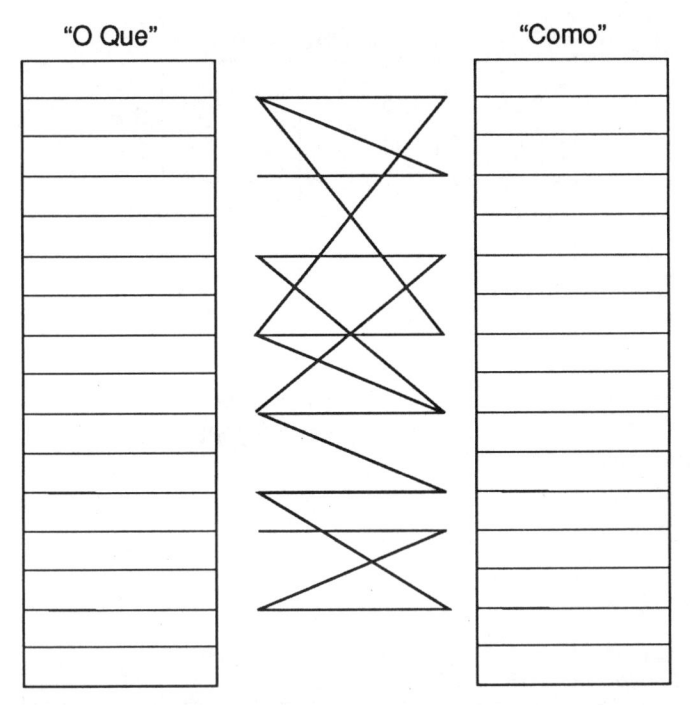

FIGURA 2.8 Definir claramente as correlações dos itens "o que" e "como" pode parecer confuso — alguns itens "como" afetam mais de um "o que" e podem até afetar-se mutuamente. A matriz Casa da Qualidade simplifica este processo.

para designar relações fracas, moderadas e fortes entre as necessidades do cliente e requisitos do projeto. Comumente, são usados como símbolos um triângulo para designar correlação fraca, um círculo para moderada e um círculo duplo para forte.

Por exemplo, as exigências do cliente (itens "o que") identificados para o excelente cafezinho são: quente, estimulante, saboroso, de bom aroma, preço baixo, bem servido e que permaneça quente. Os requisitos de projeto (itens "como") correspondentes são: temperatura em que é servido, quantidade de cafeína, componente do sabor, intensidade do sabor, componente do aroma, intensidade do aroma, preço de venda, volume e temperatura após servido. As correlações entre quente e temperatura em que é servido, saboroso e componente do sabor, bom aroma e componente do aroma,

	Itens "Como"								
	Temperatura em que é Servido	Quantidade de Cafeína	Componente do Sabor	Intensidade do Sabor	Componente do Aroma	Intensidade do Aroma	Preço de Venda	Volume	Temperatura depois de Servido
Quente									
Estimulante									
Saboroso									
Bom Aroma			Matriz de Correlações						
Preço Baixo									
Bem Servido									
Permanece Quente									

(Itens "O Que" no eixo vertical à esquerda)

FIGURA 2.9 Os itens "o que" são listados à esquerda da matriz de correlações da Casa da Qualidade, no eixo vertical. Os itens "como" são listados no eixo horizontal, acima da matriz.

preço baixo e preço de venda, bem servido e volume, além de permanece quente e temperatura após servido, são correlações fortes e, portanto, representadas por círculos duplos. Relações moderadas — quente e temperatura após servido, estimulante e temperatura em que é servido e quantidade de cafeína, saboroso e intensidade do sabor, bom aroma e intensidade do aroma, preço baixo e volume, bem servido e preço de venda, e permanece quente e temperatura em que é servido — são representadas por círculos simples. Relações fracas — saboroso e temperatura em que é servido e quantidade de cafeína — são representadas por triângulos (ver Fig. 2.10).

Se não houver correlação entre os itens, o espaço em linhas ou colunas da matriz é deixado vazio. Linhas ou colunas em branco indicam lugares onde a tradução dos itens "o que" em itens "como" é inadequada, o que proporciona o ensejo de fazer uma verificação cruzada. O processo de QFD fornece inúmeras oportunidades para verificações cruzadas, o que se constitui numa de suas maiores vantagens. A capacidade do QFD de fazer com que planos evoluam para ações através de repetidos cruzamentos o torna muito útil para a função do planejamento não-trivial, incluindo planos de negócios e sistemas de negócios internos (ver boxe "QFD no Planejamento Estratégico", adiante).

Paralelamente ao eixo "como", na parte inferior da matriz de correlação está o terceiro elemento, o eixo do "quanto". Os

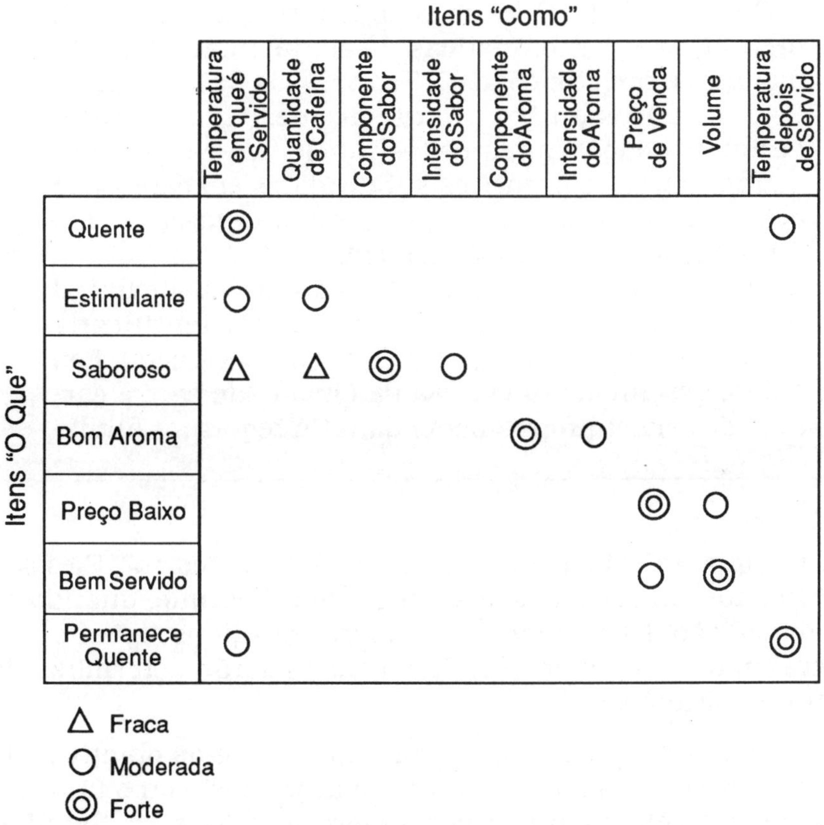

Itens "O Que"	Itens "Como"								
	Temperatura em que é Servido	Quantidade de Cafeína	Componente do Sabor	Intensidade do Sabor	Componente do Aroma	Intensidade do Aroma	Preço de Venda	Volume	Temperatura depois de Servido
Quente	◎								O
Estimulante	O	O							
Saboroso	△	△	◎	O					
Bom Aroma					◎	O			
Preço Baixo							◎	O	
Bem Servido							O	◎	
Permanece Quente	O								◎

△ Fraca
O Moderada
◎ Forte

FIGURA 2.10 São usados símbolos únicos para representar as correlações entre requisitos dos clientes (itens "o que") e requisitos de projeto (itens "como"). Estes símbolos particulares definem correlações fracas, moderadas e fortes.

> **Sucesso nos EUA**
>
> O resultado da primeira experiência em Desdobramento da Função Qualidade (QFD) desenvolvida na Kelsey-Hayes Co., Romulus, Michigan, foi o projeto, voltado para o cliente, de um novo produto eletromecânico — um sensor de nível de resfriamento. O estudo foi desenvolvido em conjunto com o American Supplier Institute, Inc., e a Ford Motor Co., para quem o sensor estava sendo produzido.
> O estudo do QFD foi dividido em três partes: Fase I, montagem e características do componente; Fase II, material e projeto; e Fase III, processos de fabricação. Os requisitos da Qualidade do mercado (cliente) foram divididos em requisitos funcionais e de desempenho, sendo os primeiros subdivididos em categorias operacionais e do cliente, e os de desempenho, em durabilidade e adequação ao uso.
> Após a conclusão de uma Casa da Qualidade inicial para o sensor, a carcaça do sensor foi identificada como o requisito mais crítico do produto (projeto). Foi, então, desenhada uma Casa da Qualidade para a carcaça do sensor propriamente dita. Os requisitos funda-

itens "quanto" são as medidas para os itens "como". Eles são colocados em separado dos itens "como" porque, quando os "comos" são determinados, os valores dos itens "quanto" em geral não são conhecidos. Tais valores serão determinados através de análise.

Os itens "quanto" fornecem não só meios objetivos de assegurar que os requisitos foram atingidos, como também metas a serem posteriormente desenvolvidas em detalhe. Portanto, mostram os objetivos específicos que orientam o projeto na fase subseqüente e proporcionam meios de progredir com objetividade. Sempre que possível, os itens "quanto" devem ser mensuráveis. Pode-se atuar sobre números mais facilmente — eles proporcionam mais oportu-

> mentais do cliente para funcionamento e desempenho incluíam "fácil de adicionar refrigerante", "fácil de identificar unidade", "fornecer instruções para remoção da tampa".
>
> Como resultado do estudo do QFD, o sensor foi projetado de acordo com as características que melhor satisfizessem às necessidades do cliente quanto a funcionalidade e desempenho. No projeto final do produto, foram incluídos, por exemplo, rasgos no tubo para permitir que o líquido refrigerante escoasse livremente para o reservatório. Foram também colocados em letras amarelas em alto-relevo "só refrigerante de radiador" e uma etiqueta com a palavra "levantar" colocada na tampa da carcaça.
>
> O estudo do QFD trouxe vários benefícios. "Como engenheiro daquele primeiro projeto, admito que ter participado desse estudo de QFD me tornou consciente da importância do produto em termos de como ele vai preencher as necessidades do cliente", explica Peter J. Soltis, Especialista técnico Sênior de Engenharia do Produto da Kelsey-Hayes.

nidade para análise e otimização que fatores não-mensuráveis. Sem números para trabalhar, a meta transforma-se meramente em "fazer melhor". Por outro lado, "o que é medido é melhorado". Se a maioria dos itens "quanto" não for mensurável, provavelmente as definições dos itens "como" não foram suficientemente detalhadas.

Os itens "quanto" para o exemplo do cafezinho incluem 50 a 60°C, traços de ppm, menos de 25 centavos de dólar, mais de 50 ml e 45 a 50°C (ver Fig. 2.11). Os itens "quanto" relacionados com sabor e aroma definidos pelos clientes são determinados por um conjunto de juízes.

O processo o que/como/quanto forma a base para todos os gráficos do QFD — é a chave que abre a Casa da Quali-

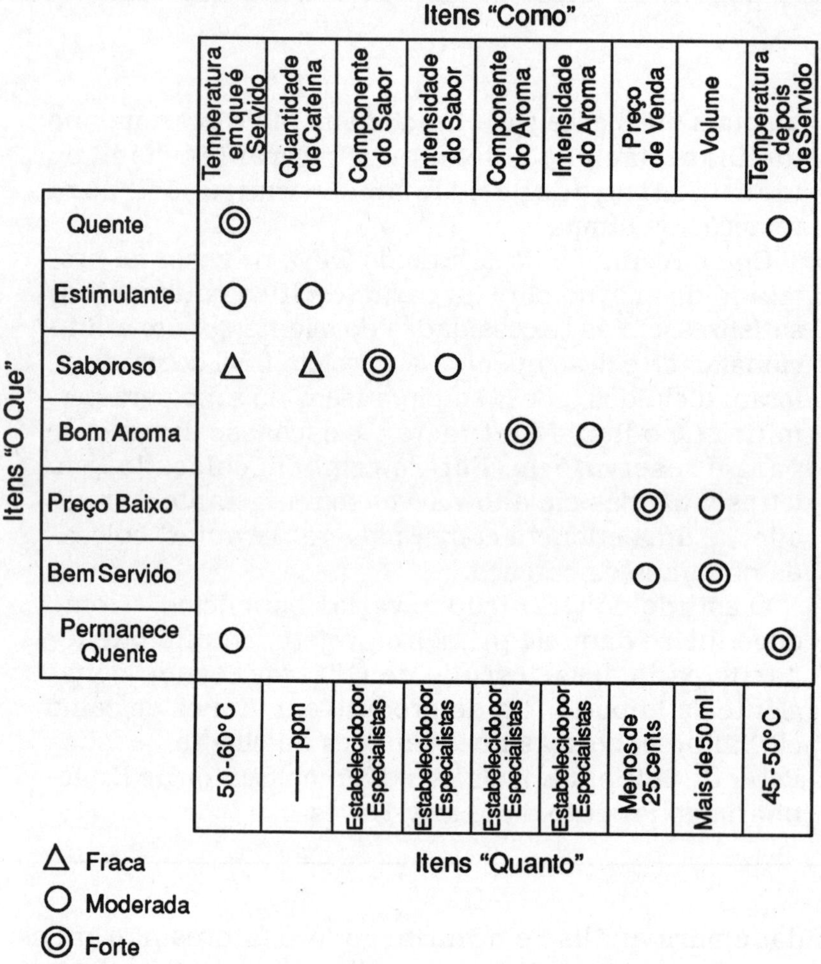

FIGURA 2.11 Os itens "quanto" (no exemplo, 50-60°C, ——ppm, menos de 25 centavos de dólar, mais de 50 ml e 45-50°C), medidas dos itens "como", são listados na parte inferior e no eixo horizontal da matriz de correlações da Casa da Qualidade.

dade. Reforçando esse processo, temos a matriz de correlações, comparação com a concorrência, taxa e peso.

Matriz de correlações

A *matriz de correlações* triangular (o "telhado" da Casa da Qualidade, daí a origem do nome) está localizada acima e

◎ Positiva Forte
○ Positiva
✕ Negativa
✳ Negativa forte

"Como"

"O que"

Matriz de Correlações

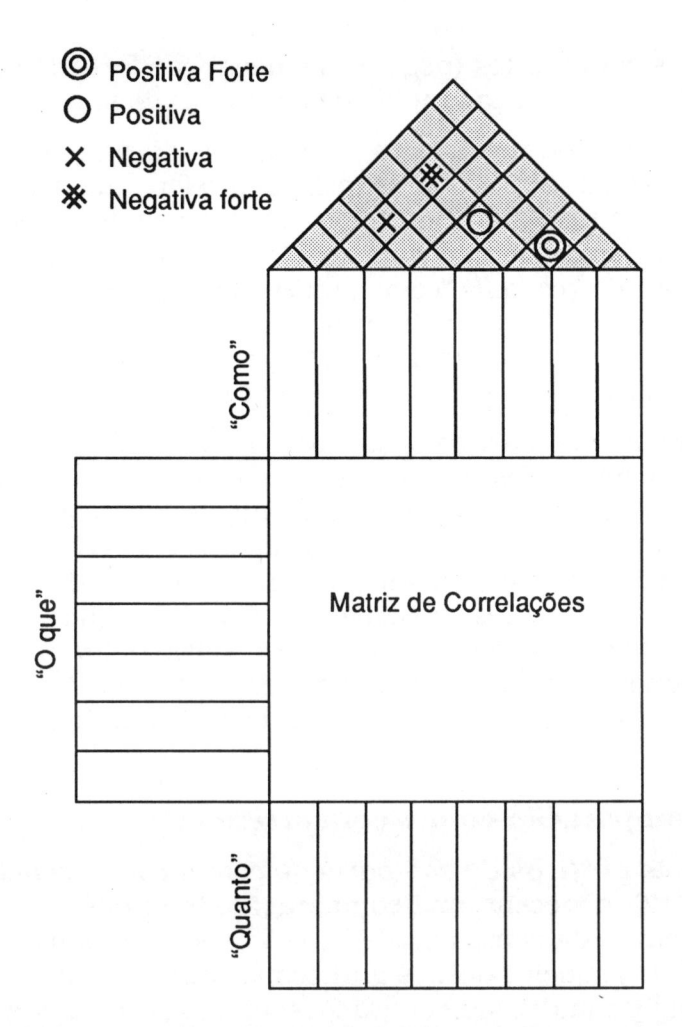

"Quanto"

FIGURA 2.12 A matriz de correlações que descreve a correlação entre cada item "como" através de símbolos particulares, que representam as taxas e a forma de cada relação positiva ou negativa, está localizada paralelamente e acima do eixo "como".

paralelamente ao eixo "como" (ver Fig. 2.12). Essa matriz descreve a correlação entre cada item "como" através de um símbolo peculiar que representa taxas positivas ou negativas e a extensão de cada correlação (isto é, positiva, negativa, positiva forte ou negativa forte). Os símbolos usados comumente são um círculo (positiva), círculo duplo (positiva forte), cruz (negativa), cruz dupla (negativa forte). Mapeando as correlações conflitantes (negativas e negativas fortes), a matriz facilita uma resolução rápida das questões de substituição.

A matriz de correlações pode ser usada para identificar quais os itens "como" que se apóiam ou reforçam e quais deles são conflitantes. A atribuição de relações positivas ou negativas baseia-se no quanto cada item "como" influencia o aparecimento de outros itens "como", independentemente do aumento ou diminuição dos valores dos itens "quanto". Em correlações positivas, um item "como" apóia outro item "como", e, nas negativas, os dois itens "como" são conflitantes.

Ambas as correlações, positiva e negativa, fornecem informações importantes. As correlações positivas ajudam a identificar os itens "como" que estão intimamente relacionados e evitam a duplicação de esforços pela empresa. Correlações negativas representam condições que provavelmente exigirão substituições — condições que jamais deverão ser evitadas. Substituições que não são identificadas e resolvidas levam ao não-cumprimento das necessidades dos clientes. Substituições são resolvidas pelo ajuste dos valores dos itens "quanto".

Comparação com a concorrência

Dois *gráficos de comparação com a concorrência* (ver Fig. 2.13) fornecem uma comparação, item por item, entre um produto da companhia e produtos similares da concorrência. O primeiro desses gráficos (situado no eixo vertical à direita da matriz de correlações) corresponde aos itens "o que" e o segundo (colocado no eixo horizontal abaixo da matriz de correlações) corresponde aos itens "como".

A comparação com a concorrência nos itens "o que" também se denomina *avaliação competitiva do cliente* e deve utilizar a informação orientada pelo cliente; *avaliação competitiva técnica* é outro nome para a comparação dos itens "como" com a concorrência e deve usar informações geradas pela engenharia.

Os gráficos de comparação com a concorrência podem ser usados para estabelecer os valores competitivos dos itens "quanto" e ajudar no posicionamento do produto no mercado.

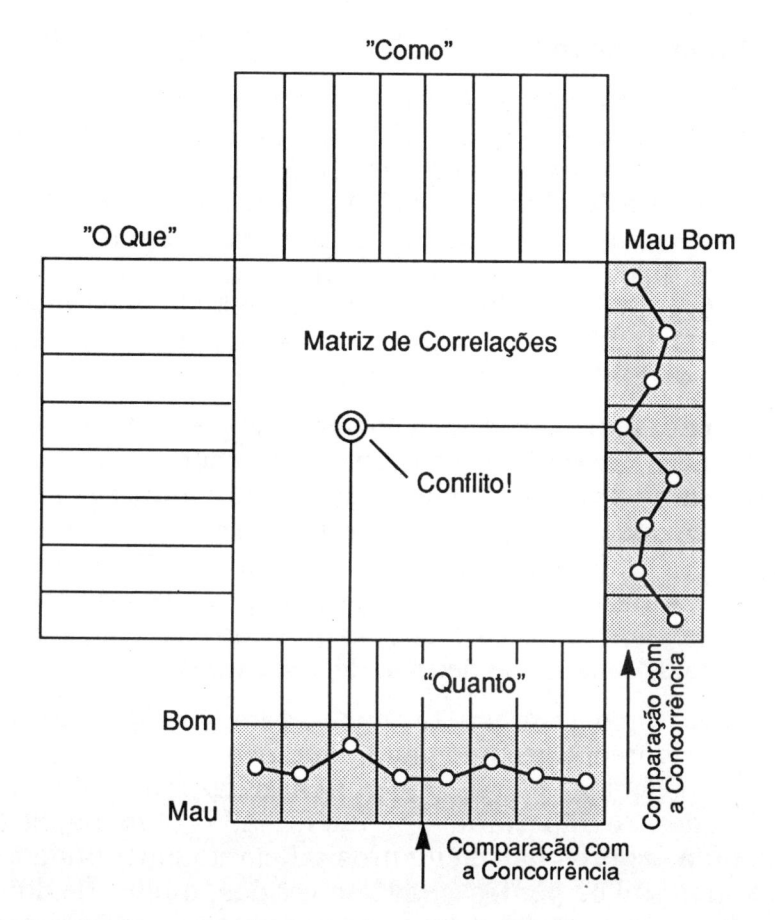

FIGURA 2.13 Os gráficos de comparação com a concorrência, que fornecem uma comparação item por item entre um produto da empresa e um similar da concorrência, são listados à direita no eixo vertical da Casa da Qualidade e abaixo, no eixo horizontal da matriz de correlações.

Eles também são extremamente benéficos quando usados para detectar lacunas ou erros nos julgamentos da engenharia — incluindo exemplos onde avaliações feitas pela companhia não coincidem com a voz do cliente. Se os itens "como" evoluíram de maneira apropriada a partir dos itens "o que", sua comparação com a concorrência deve ser semelhante. Os itens "o que" e "como" fortemente relacionados também devem exibir uma relação semelhante na comparação com a concorrência.

Valor e peso

Os mapas e gráficos que determinam numericamente valor e peso para "o que" e "como" em termos de resultado final desejado também são muito úteis. O valor dos itens "o que" é dado por uma escala de um a cinco. O valor numérico de um a cinco é colocado numa coluna imediatamente à direita de cada item "o que", de modo a refletir a importância relativa desse item para o cliente. Esses valores são, então, multiplicados pelos pesos assinalados para cada símbolo da matriz (fraco, moderado e forte).

O padrão mais usado no sistema de peso é 9-3-1, embora sistemas alternativos possam ser aplicados para o mesmo efeito, dando maior ênfase em itens mais importantes. Os resultados das operações entre valor e peso são anotados no eixo horizontal abaixo dos itens "quanto" (ver Fig. 2.14). Isto fornece a identificação dos requisitos críticos do produto (que traduzem as necessidades críticas do cliente) e ajuda no processo de tomada de decisão de substituição.

O exemplo anterior de uma Casa da Qualidade é só isto — um exemplo. Casas da Qualidade podem ser construídas de muitas formas e maneiras para satisfazer a qualquer necessidade — o importante é serem talhadas para a aplicação desejada. Alguns dos elementos adicionais que podem ser incluídos são os pontos-chave de vendas, o nível de dificuldade técnica, os padrões técnicos e os padrões de Qualidade.

Fases Subseqüentes do QFD

A construção da Casa da Qualidade é a primeira fase — e a mais freqüentemente aplicada — no procedimento do QFD. A próxima fase desdobra alguns dos requisitos do projeto, identificados na fase da Casa da Qualidade, em nível de subsistema/componentes. A matriz desdobramento de componentes resultante serve de base para todas as atividades preliminares do projeto. Entretanto, é importante observar que nem todos os requisitos de projeto da Casa da Qualidade necessitam de desdobramento. Ao contrário, somente os requisitos de projeto de alto risco (novo, difícil, ou extrema-

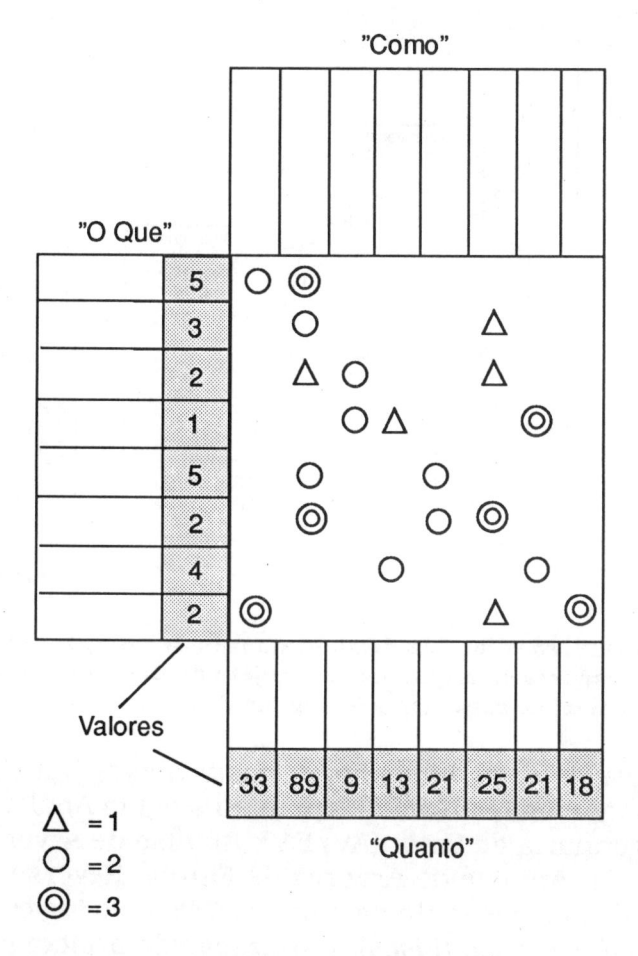

FIGURA 2.14 Cartas ou gráficos de itens "o que" e "como" com pesos e valores numéricos são colocados à direita no eixo vertical "o que" e abaixo no eixo horizontal "quanto".

mente importante) são executados. Isto assegura que se evitem perda de tempo e esforço com requisitos de projeto que já tenham alcançado sucesso.

Essa matriz tem a mesma aparência da Casa da Qualidade. Nessa matriz, as necessidades do cliente e os requisitos do projeto são descritos em termos técnicos precisos para posterior desenvolvimento das avaliações da concorrência e objetivos.

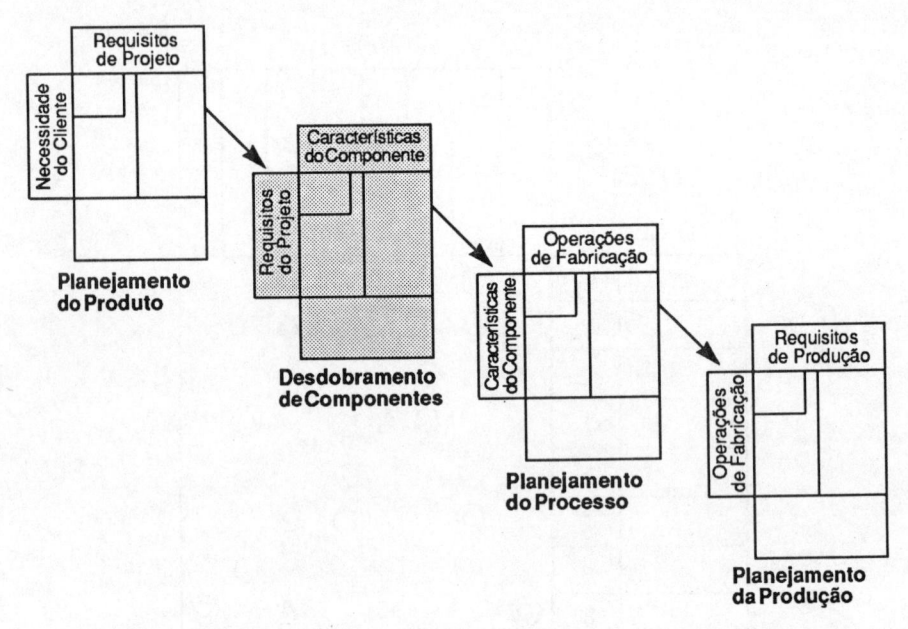

FIGURA 2.15 A fase de desdobramento de componentes no QFD desdobra os requisitos de projeto da Casa da Qualidade para o nível de subsistema/componentes.

A fase de *desdobramento de componentes* (ver Fig. 2.15) utiliza algumas técnicas de apoio, tais como Análise de Valor/Engenharia de Valor (AV/EV), Análise de Árvore de Falhas (AAF), Análise de Árvores de Falhas Reversa (AAFR), Análise de Modo e Efeito de Falhas (FMEA, do inglês *Failure-Mode and Effect Analyses*), otimização de projeto e do processo, análise de custos e seleção de componentes para garantia da confiabilidade. Esta fase culmina com a identificação das características dos componentes que sejam críticos para a execução dos requisitos de projeto.

As características de componentes críticos são destacadas num diagrama de desdobramento de componentes, que por sua vez ajuda na identificação das operações de fabricação.

A fase de *planejamento do processo* (ver Fig. 2.16) representa a transição do projeto para operações de fabricação. Um diagrama do planejamento do processo para cada característica crítica de componente é preparada nesta fase.

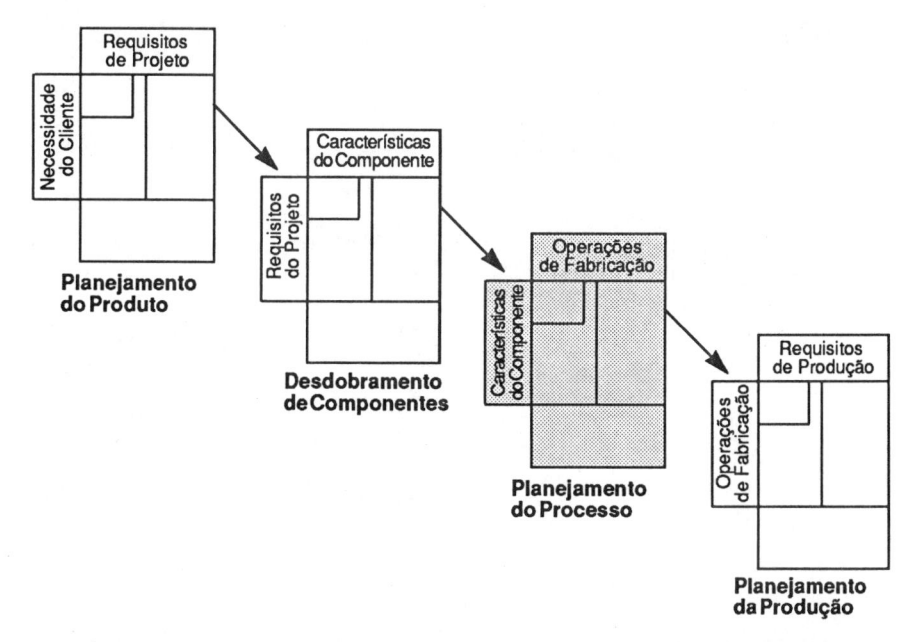

FIGURA 2.16 A fase de planejamento do processo no QFD representa a transição da fase de projeto para o planejamento do processo.

A informação seguinte é incluída em cada diagrama de planejamento do processo: uma listagem dos processos exigidos, uma matriz desenhando as relações de cada processo e cada característica crítica do componente, e listagens de parâmetros de controle do processo.

Esta informação é utilizada para produzir cartas de controle do processo para cada componente. Durante esta fase, utiliza-se a FMEA, de modo a verificar e rever a informação dos gráficos anteriores.

A fase de planejamento da produção (ver Fig. 2.17) transfere as informações geradas nas fases subseqüentes para o chão de fábrica. Uma série de gráficos e tabelas é usada para dar cumprimento a esta etapa.

Essa fase desdobra informações relevantes para uma série de funções. Como outras fases do QFD, pode ser adaptada para satisfazer uma ampla variedade de requisitos. O QFD progride com flexibilidade.

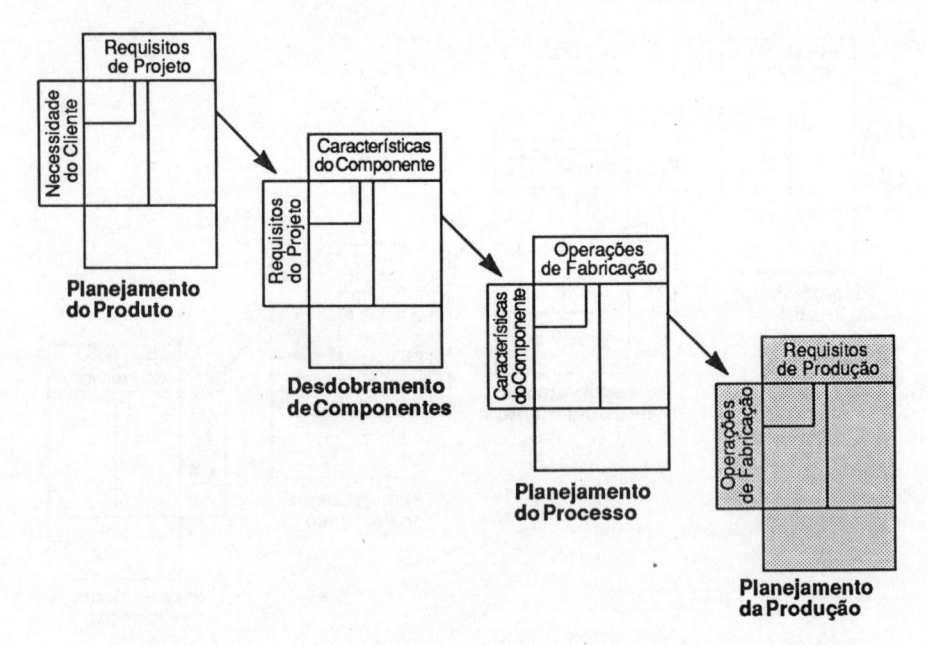

FIGURA 2.17 A fase de planejamento da produção no QFD transfere a informação gerada nos estágios seguintes do QFD para o chão de fábrica.

Enfoque: Flexibilidade

De acordo com Akashi Fukuhara, Diretor Assistente da Central Japan Quality Control Association (CJQCA), Nagoya, Japão, "o QFD não é utilizado no Japão somente em indústrias de manufatura, mas também em indústrias de serviço, indústrias da construção, indústrias de *software* para computadores, assim como em outras indústrias".

O QFD pode ser aplicado fora da área de desenvolvimento de produto, tais como melhoria de processos existentes e avaliações de sistemas internos.

A Budd Co., em Troy, Michigan, foi uma das primeiras empresas dos Estados Unidos a utilizar o QFD para um estudo de caso. O trabalho de base para esse estudo foi lançado no final de 1985. Em abril de 1986, a Budd já havia desenvolvido dois estudos de caso parciais com QFD. O QFD é parte do programa de Gestão da Qualidade Total (TQM, do inglês

Total Quality Management), objetivando um processo de melhoria contínua da Qualidade, que está em andamento na empresa. O processo está dirigido ao que a equipe de gerentes seniores da Budd chamou de "questões de sobrevivência para os anos 90": Qualidade de produto e custo.

Os esforços iniciais da Budd foram criticados pelos engenheiros de suprimentos da Toyota e por um dos pais do QFD, o Dr. Shigeru Mizuno, durante a quinta viagem de estudos que a ASI realizou ao Japão.

"Ir ao Japão e ter os nossos estudos criticados foi um bom aprendizado para nós", diz Norman E. Morrell, Gerente de Qualidade e Confiabilidade do Produto da Budd. "Quando voltamos, sentimos que havíamos entendido a aplicação para novos produtos, mas ainda acreditávamos que havia muito a ser feito com os processos existentes. Então, nossa divisão de Estamparia e Corte explorou o QFD para melhorar o seu sistema de engenharia de projeto. Também tivemos sucesso com esse tipo de aplicação."

A aplicação do processo de QFD no sistema de engenharia de projeto da Budd começou com a definição das necessidades do cliente (neste caso, o usuário interno), o que foi conseguido através de entrevistas com os usuários de cada departamento afetado pelo sistema: vendas, engenharia de produto, engenharia de fabricação, engenharia industrial, instalações, compras, avaliações e Qualidade.

Três necessidades básicas do cliente (itens "o que") foram identificadas: comunicação, informação e tempo de resposta. Esses itens "o que" foram colocados no eixo vertical à esquerda da matriz de correlações (ver Fig. 2.18).

Dois níveis subseqüentes de detalhe foram, então, identificados. Comunicação, por exemplo, foi subdividida em: reuniões semanais, hipóteses, distribuição e sistema de acompanhamento. Estes itens foram então mais refinados em: progresso atual, regras básicas do produto, mais *feedback* e sistema de prioridades, subdivisões de reuniões semanais. Tais detalhes são indicados na Fig. 2.18, como níveis secundário e terciário de requisitos, que estão listados à direita dos requisitos básicos do cliente, no eixo vertical.

(5) A – CORRELAÇÃO FORTE
(3) B – CORRELAÇÃO MODERADA
(1) C – CORRELAÇÃO PEQUENA

SISTEMA DE ENGENHARIA DE PROJETO

CARACTERÍSTICAS DA ENGENHARIA DE PROJETO / REQUISITOS DO USUÁRIO

Principal	Secundário	Terciário	Valor	Solicitação do cliente	Tempo de resposta	Folha de resumo	Informação do componente	Contato com cliente	Moldagem	Montagem	Prazo	Mão-de-obra	Equipamento (recurso)	Possibilidade de execução	Custo do protótipo	Componentes comprados	Custo da mão-de-obra	Custo do material	Custo de ferramentas	Preço da peça	Distribuição	Ferramentas compradas	Pontos/avaliação
COMUNICAÇÃO	Reuniões semanais (5)	Progresso atual	3		C/3																		15
		Regras básicas do produto	5	C/5	A/25	A/25	C/5	B/15	B/15	B/15				B/15			B/15	B/15	B/15	B/15			900
		Mais *feedback*	1		C/1	B/3								C/1							C/1		30
		Sistema de prioridades	4	B/12	A/20	B/12								B/12							C/4		240
	Hipóteses (3)	Quais são as hipóteses?	3		C/3	A/15		B/9	A/15	A/15			C/3										180
		Todos trabalhando as mesmas hipóteses	3		C/3	A/15			A/15	A/15			C/3										153
	Distrib (2)	Receber mais cedo a folha de resumo	4		B/12	C/4											B/12	B/12	B/12	B/12	A/20		168
		Dados s/custos pedidos à engª de produção	2		A/10											A/10				C/2			44
		Pedidos de Informação da engª de processo	2		A/10														C/2			A/10	44
	Sistema de acomp. (3)	Qual fábrica possui E.P.?	2		C/2																C/2		12
		Relatório de *status*	3		C/3																		9
INFORMAÇÃO	Folha de resumo (5)	Requisitos da produção	5	A/25	C/5	A/25			B/15	B/15	A/25	C/5		A/25			C/5	C/5	C/5	A/25		C/5	925
		Ano e modelo dos componentes	5	A/25		A/25	A/25		A/25	A/25				B/15	C/5			B/15	B/15	B/15			950
		Lista completa de componentes	5		A/25	A/25	A/25	C/5	A/25	A/25	A/25	A/25	C/5	C/5	C/5	B/15	C/5	C/5	C/5	C/5			1150
		Destino da entrega	4	A/20	C/4	A/20							B/12	C/4						A/20			380
		Especificações dos componentes	4	A/20	C/4	A/20	A/20	C/4	A/20	A/20					B/12	B/12	C/4		A/20	B/12		C/4	640
		Especificações de material	3			A/15	A/15		B/9	B/9								A/15					315
		Fábricas afetadas	5			A/25							A/25	A/25			A/25			C/5			525
	Processo (5)	Inclui inform.compl.sobre comp.	3		C/3				A/15	A/15	A/15	C/3	A/15		C/3			B/9		A/15		C/3	480
		Completo esclarecimento das oper. de proc.	4		C/4				A/20	A/20	A/20	C/4	C/4	C/4			A/20		A/20	A/20		C/4	700
	Inform. dos compon. (5)	Parada de montagem	4			A/20	B/12	C/4	A/20	A/20	C/4	C/4	C/4		C/4	B/12	C/4	A/20	C/4	A/20		C/4	780
		Desenhos	5	A/25	B/15	A/25	A/25	C/5	A/25	A/25	A/25							A/25		A/25			1100
		Todos trabalhando para a mesma informação	3		A/15	C/3			B/9	B/9	C/3	C/3	C/3	A/15	C/3		C/3	C/3	B/9	B/9			345
		Todos trab para o mesmo nível de comp.	3		A/15			B/9	A/15	A/15	C/3	C/3	B/9				C/3	C/3	A/15	A/15	A/15		600
RESPOSTAS	Melhores inform. (3)	Folhas de resumo mais completas	4	C/4	A/20	A/20	B/12		A/20	A/20	C/4	C/4	C/4				C/4	C/4	C/4	C/4			372
		Comp.recebidos por gráficos de computador	1		C/1		A/5		C/1	C/1													24
	Resp mais rápidas (5)	Melhor resposta a pedido adicional de infor	3		A/15		C/3	A/15	A/15	A/15													315
		Modernizar papéis de trabalho	2		A/10	A/10															A/10		150
		Normalizar formato do processo	2		C/2				A/10	A/10			C/2										120
	Instr. operac. (3)	Estabelecer regras	3		A/15	C/3	C/3								A/15	A/15					A/15	A/15	243
		Continuidade	3		A/15	C/3	C/3								A/15	C/3					A/15	C/3	171
		Procedimento formalizado	3		A/15											C/3					A/15	C/3	108
		Pontos/avaliação		136	275	313	143	66	289	289	124	51	89	16	62	70	100	131	125	219	97	51	

FIGURA 2.18 A Budd Co., Troy, Michigan, aplicou o QFD ao seu Sistema de Engenharia de Projeto.

As características da engenharia de projeto foram, então, definidas pela determinação de várias responsabilidades de todos os departamentos envolvidos. Esses itens "como" incluem elementos tais como solicitação do cliente, informação do componente, equipamento principal, componentes comprados, custo de ferramentas e distribuição. Esses itens foram listados no eixo horizontal da matriz de correlações, na borda superior, perpendicularmente às necessidades do cliente.

Foram, então, dados valor e peso a cada correlação-necessidade do cliente/característica da engenharia de projeto, o que resultou num sistema amplo de avaliação para procedimento da engenharia de projeto.

A divisão de Estamparia e Corte da Budd aplicou o QFD para melhorar os tempos de troca de molde, projeto e construção de ferramentas. Nesses casos, o cliente é a fábrica da Budd que estará utilizando o processo ou produto em questão. A Divisão de Rodos e Freios da Budd está usando o QFD para desenvolvimento de produtos mais tradicionais.

O compromisso da Budd Co. para o processo de melhoria contínua da Qualidade levou, naturalmente, a um estudo que direciona as necessidades dos clientes para a mais ampla e possível aplicação do QFD. Gerentes representando todas as funções, em todas as linhas de divisão e produto, estão voltados para a questão de satisfazer os clientes em suas necessidades de redução de tempo e melhoria de eficácia, na introdução de um novo veículo. A pergunta "estamos satisfazendo o cliente?" é sempre colocada. No entender de Morrell, a satisfação do cliente é a chave para o futuro da companhia. E o QFD ajuda a alcançar este objetivo.

QFD no Planejamento Estratégico

O Desdobramento da Função Qualidade (QFD) pode ser usado tanto em fábricas quanto em escritórios. Embora seja entendido tipicamente como uma ferramenta no desenvolvimento de produto, também pode ser aplicado no planejamento estratégico na indústria e em ambientes não-industriais. A Fig. B2.1 fornece uma estrutura para utilização do QFD no planejamento estratégico.

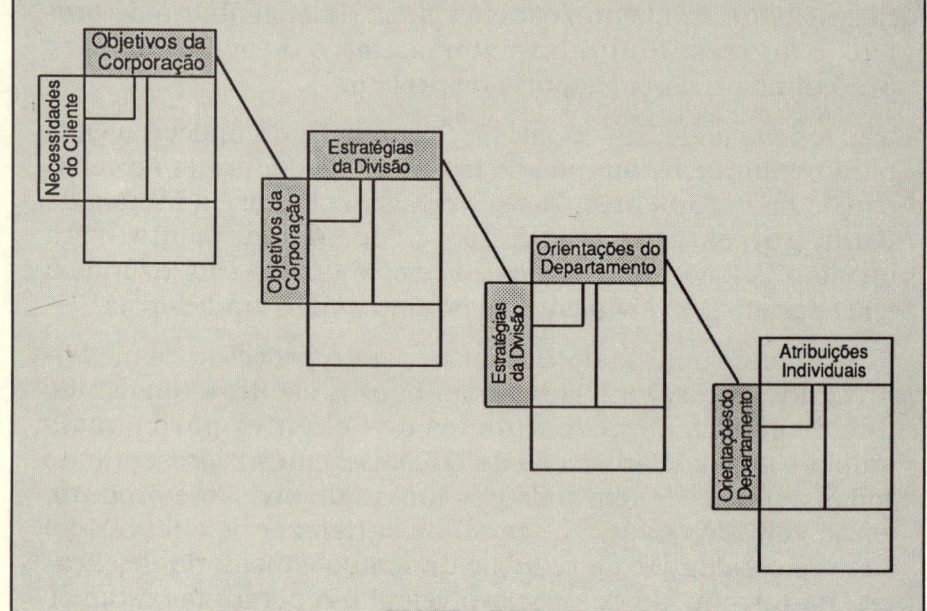

FIGURA B2.1

Os Exemplos 1 e 2 mostram como o QFD pode ser aplicado em dois ambientes de negócio diferentes. Para simplificar, em cada exemplo foi usado um procedimento de QFD em duas fases.

EXEMPLO 1

Um fabricante de máquinas-ferramentas identificou os seguintes objetivos (itens "o que") que foram subdivididos em metas nas quais se possa atuar (itens "como" que vão se tornar novos itens "o que") e estratégias (itens "como" para as metas).

Objetivos

- Melhoria de finalidade do produto e da confiabilidade
- Redução de tempo de expedição e de custos para novos produtos

Metas

- Reduzir o número mensal de incidentes com perda de tempo (tempo médio entre falhas)
- Introduzir sistemas que intensifiquem a flexibilidade na fabricação
- Reduzir tempo de entrega para pedidos especiais
- Obter maior grau de economia em produtos existentes

Estratégias

- Implementar parcerias de engenharia simultânea com fornecedores
- Aplicar os Métodos Taguchi (ver Apêndice) e QFD na fase de projeto
- Instituir treinamento em manutenção preventiva para clientes

Os objetivos, metas e estratégias foram então desdobrados, via matrizes de QFD, como ilustra a Fig. B2.2. Orientações específicas relacionadas com as estratégias foram então estabelecidas:

(Continua na página seguinte)

		Estratégias		
		Implementar parcerias de engenharia simultânea com Fornecedores	Aplicar Métodos Taguchi e QFD na fase do Projeto	Instituir treinamento em manutenção preventiva para clientes
Objetivos	Metas			
Melhoria da Qualidade do produto e da confiabilidade	Reduzir número mensal de incidentes com perda de tempo (tempo médio entre falhas)	○	◎	◎
	Introduzir sistemas que intensifiquem a flexibilidade na fabricação	○	◎	
Redução do tempo de entrega e dos custos de novos produtos	Reduzir tempo de entrega para pedidos especiais	◎	○	
	Conseguir maior economia nos produtos existentes	○	◎	

◎ Forte
○ Moderada
△ Fraca

FIGURA B2.2

Orientações

- Estabelecer internamente equipes de desenvolvimento de produto com funções cruzadas

- Renovar procedimentos de compra para encorajar relações inovadoras de trabalho

- Criar um subdepartamento de serviço para manutenção preventiva

- Promover treinamento sobre os Métodos Taguchi e QFD para gerentes (introdução) e engenheiros (execução)

O uso da matriz do QFD para desdobrar essas orientações cria um "plano de ação" que ajuda a atingir as estratégias definidas pela gerência. A teoria que está por trás disso é semelhante à da gerência por objetivos (MBO), porém visualmente mais poderosa.

◎ Forte
○ Moderada
△ Fraca

Estratégias \ Orientações	Estabelecer equipes internas de desenvolvimento de produto com funções cruzadas	Renovar procedimentos de compra para estimular relações de trabalho inovadoras	Criar um subdepartamento de serviço de manutenção preventiva	Promover treinamento sobre os Métodos Taguchi e QFD para gerentes e engenheiros
Implementar parceria de engenharia simultânea com os fornecedores	◎	◎	△	○
Aplicar os Métodos Taguchi e o QFD na fase de projeto	◎	○		◎
Instituir treinamento em manutenção preventiva para clientes			◎	
Medidas	Designar 15 pessoas até 31 de dezembro	Preparar protótipo do manual de compras até 31 de dezembro	Designar pessoal até 31 de dezembro	Ter cinco gerentes e 15 engenheiros treinados até 31 de dezembro

FIGURA B2.3

A Fig. B2.3 mostra as seguintes medidas (itens "quanto") para o Exemplo 1:

Medidas

- Designar 15 pessoas até 31 de dezembro
- Preparar um protótipo do manual de compras até 31 de dezembro
- Designar pessoal até 31 de dezembro
- Ter cinco gerentes e 15 engenheiros treinados até 31 de dezembro

(Continua na página seguinte)

EXEMPLO 2

Objetivos, metas e estratégias identificados pela administração de um jornal técnico mensal para desdobramento do plano de negócios, incluindo:

Objetivos

- Produzir um jornal técnico mensal ganhador de prêmios
- Obter preço e programação competitivos e viáveis para o jornal técnico mensal

Metas

- Melhorar a Qualidade editorial do jornal técnico mensal
- Melhorar a Qualidade gráfica do jornal técnico mensal
- Reduzir os custos de composição do jornal técnico mensal
- Diminuir o prazo de produção do jornal técnico mensal

Estratégias

- Criar um conselho editorial e instituir reuniões para discutir estratégias mensais
- Admitir em tempo integral um gerente editorial
- Investir num sistema integrado de editoração eletrônica

O QFD foi, então, usado para desdobrar esses objetivos, metas e estratégias, como ilustrado na Fig. B2.4.

As orientações seguintes foram então extraídas das estratégias:

		Estratégias		
◎ Forte ○ Moderada △ Fraca Objetivos	 Metas	Criar um conselho editorial e instituir encontros para estratégias mensais	Admitir um gerente editorial em tempo integral	Investir num sistema integrado de editoração eletrônica
Produzir um jornal técnico mensal ganhador de prêmios	Melhorar a Qualidade editorial do jornal técnico mensal	◎	○	
	Melhorar a Qualidade gráfica do jornal técnico mensal	△	○	◎
Obter preço e programação competitivos e viáveis para o jornal técnico mensal	Reduzir custos de composição do jornal técnico mensal		○	◎
	Diminuir o prazo de produção do jornal técnico mensal		○	◎

FIGURA B2.4

Orientações

- Identificar, para o conselho editorial, gerentes de produção e engenheiros
- Procurar gerente editorial temporário, com experiência em editoração eletrônica
- Pesquisar vários sistemas integrados de editoração eletrônica e fazer seleção
- Preparar uma planilha detalhada de papéis e estabelecimento da missão

A Fig. B2.5 lista as seguintes medidas (itens "quanto") para o Exemplo 2:

(Continua na página seguinte)

	Orientações			
◎ Forte ○ Moderada △ Fraca Estratégias	Identificar gerentes de produção e engenheiros para o conselho editorial	Procurar gerente editorial temporário com experiência em editoração eletrônica	Pesquisar vários sitemas integrados de editoração eletrônica e fazer seleção	Preparar uma planilha detalhada de papéis e estabelecimento da missão
Criar um conselho editorial e estabelecer reuniões mensais para elaborar estratégias	◎	○		◎
Admitir um gerente editorial em tempo integral		◎		○
Investir num sistema integrado de editoração eletrônica		○	◎	
	Designar 15 pessoas até 31 de dezembro	Contratar um gerente editorial até 31 de dezembro	Solicitar licitações de concorrência até 1º de dezembro e requisitar sistema até 31 de dezembro	Submeter o plano de trabalho até 1º de dezembro e o documento final até 31 de dezembro

Medidas

FIGURA B2.5

Medidas

- Designar 15 pessoas até 31 de dezembro
- Contratar um gerente editorial até 31 de dezembro
- Solicitar licitações de concorrência até 1º de dezembro e requisitar sistema até 31 de dezembro
- Submeter documento de trabalho até 1º de dezembro, documento final até 31 de dezembro

O QFD também pode ser usado para desdobrar ainda mais essas orientações departamentais em atribuições individuais. Ele pode ser adaptado para atender a quase todas as necessidades em planejamento estratégico.

3
A Força do QFD

Muito da força do QFD vem da sua capacidade de contrariar um fenômeno não muito popular — a Lei de Murphy. O QFD simplesmente impede que as coisas dêem errado, como acontece com um produto que precisa superar uma série de complicações, desde a fase de projeto até sua fabricação.

O QFD também tem a ver com o ditado "aquilo que não é dito não é feito". Pela criação de um plano disciplinado a ser seguido pelas pessoas envolvidas, o QFD proporciona uma troca eficiente de informação, o que, por sua vez, favorece o desenvolvimento do produto.

A Qualidade Cresce, o Custo Cai

O QFD pode ajudar na melhoria da Qualidade, diminuindo os custos. Qualidade e custo são fatores determinantes quando se quer o aumento da competitividade. A idéia de que a diminuição de custos pode ocorrer com o aumento da Qualidade, no entanto, nem sempre foi aceita pelos gerentes americanos.

Numa pesquisa do Gallup encomendada pela American Society for Quality Control, explorando o tema de atitudes, experiências e práticas da alta administração americana relacionadas com a Qualidade, o resultado foi que, numa proporção de dois para um, os executivos destacaram "aumentar a motivação dos empregados", em vez de "melhoria na Qualidade", como a melhor maneira de reduzir custos (*Quality Progress*, dezembro de 1986).

A adoção de políticas e técnicas que resultem em alta Qualidade a altos custos não é uma forma perspicaz de fazer negócios — menos ainda as que resultam em baixa Qualidade a baixo custo, ou, pior ainda, as que resultem em baixa Qualidade a alto custo. Ao usar o QFD e os Métodos Taguchi — métodos combinados de engenharia e estatística, projetados para atingir rápidas melhorias em custo e Qualidade, pela otimização de projeto do produto e processos de fabricação —, empresas líderes japonesas têm melhorado suas operações ao mesmo tempo que melhoram a Qualidade. (Os Métodos Taguchi estão descritos em maiores detalhes no Apêndice.)

Afetando custo e Qualidade está a inspeção, uma cara e ineficiente forma de controle da Qualidade, que está fora de moda e é contraproducente.

Segundo o artigo "O Empurrão na Qualidade" publicado na revista *Business Week* (9 de junho, 1987), a típica fábrica americana gasta de 20 a 50% do seu orçamento operacional para encontrar e anotar defeitos, e tanto quanto a quarta parte de toda a fábrica nada produz, fazendo apenas o retrabalho do que não foi feito certo da primeira vez.

Diz ainda a reportagem da *Business Week* que cerca de 80% dos defeitos de Qualidade ocorrem na fase de desenvolvimento do projeto do produto, ou como conseqüência de políticas de compras que optam por preços baixos na compra de matéria-prima e componentes, em vez de valorizar a Qualidade. Não vai além de 20% a ocorrência de defeitos na linha de produção.

Com a utilização do QFD, aqueles 80% de defeitos atribuídos ao projeto podem ser substancialmente reduzidos. O QFD pode, também, ser usado para iniciar um diálogo saudável entre o setor de compras e os fornecedores, objetivando a otimização na relação custo de material/Qualidade.

Qualidade *não deve* ser sinônimo de custo alto. A Qualidade terá, de fato, um custo maior se for obtida através da inspeção; mas, se for projetada para fazer parte do produto, ela reduz os custos.

O QFD representa a mudança da forma de controle da Qualidade por meio de "inspeção-rejeição-retrabalho-refugo" para uma forma que tem início na definição do processo de desenvolvimento do produto; troca a abordagem reativa do controle da Qualidade, que se traduz em "apagar incêndios", para uma abordagem de natureza proativa — prevenir.

Este esforço à montante acaba com o custoso cenário "projetar-testar-anotar", a contrapartida de projeto para inspeção do produto. Quando o teste de um protótipo revela uma falha importante, tempo e dólares são desperdiçados. Quando este cenário se repete duas ou três vezes — aquela temida síndrome do "essa não! de novo!" —, os gastos são dobrados ou triplicados. Provavelmente, se conseguirá um projeto adequado, mas a um custo muito maior. Quando projetamos um produto para atender às necessidades do cliente, em vez de fixarmos o produto, chegamos a custos e ciclos de desenvolvimento do produto reduzidos. A inspeção para se obter Qualidade não é relevante — nem durante o projeto nem durante a fabricação.

De acordo com Don Clausing, o QFD atende a três amplos problemas ligados à indústria americana: desrespeito à voz do cliente, perda de informação sobre o andamento durante o ciclo do desenvolvimento do produto e interpretações diferentes das especificações pelos diversos departamentos envolvidos. O QFD também fornece soluções para dois problemas relacionados com os citados: divisão por departamento e *timing*.

Os efeitos negativos da divisão por departamento são diminuídos com o emprego do QFD, de forma horizontal — membros da equipe de projeto trabalhando *juntos*, não como entidades separadas. Somando-se a esse fato, temos que o desdobramento vertical do QFD assegura a ocorrência de uma abordagem concomitante no desenvolvimento do produto versus uma abordagem seqüencial.

Um dos benefícios mais citados do QFD é a sua capacidade de gerar o envolvimento da equipe, o que é mantido durante todo o ciclo do desenvolvimento do produto. Os resultados dessa sinergia da equipe são muito maiores que o da soma das partes da equipe: o QFD é uma forma sistemática de trazer os desejos coletivos da corporação para enfrentar um problema. Quando se reúne o conhecimento de toda a equipe de projeto de QFD, o que se obtém é uma intensificação no processo de tomada de decisão; desavenças pessoais desaparecem quando a equipe começa a funcionar com capacidade total.

"A força do QFD está em tornar o próprio processo um catalisador, que gera esforço da equipe e cooperação", diz Calvin W. Gray, Vice-Presidente de Vendas e Operações Internacionais da Sheller-Globe, Detroit, Michigan. "O QFD torna-se um mecanismo de comunicação entre as diversas áreas que trabalham no projeto."

Esta abordagem de equipe vem ao encontro do novo enfoque dado pela indústria americana na formação de equipes. Uma pesquisa em pequena escala conduzida pela Harvard Business School com seis grandes companhias de manufatura incluiu entrevistas com 46 gerentes novatos e 14 executivos de alto nível. O resultado da pesquisa, publicado na *The Uneasy Alliance*, em 1985, pela Harvard Business Scholl Press, mostrou que os gerentes, em comparação com os executivos, eram mais participativos, interessados em formar equipes e colaborar, além de mais críticos sobre a falta de comunicação nas suas empresas.

Os benefícios a curto prazo conseguidos pelo QFD incluem ciclos mais curtos de desenvolvimento do produto, menos mudanças em projetos e problemas iniciais, melhoria da Qualidade e da confiabilidade, economia de custo através da otimização do projeto e do processo do produto.

Como exemplo, a Toyota Auto Body Co., Ltd., em Kariya, no Japão, relatou um aumento de 61% na redução dos custos iniciais ao introduzir quatro novos modelos de carrocerias de janeiro de 1977 a abril de 1984 (ver Fig. 3.1). O ciclo de desenvolvimento do produto neste mesmo período foi reduzido para um terço. Melhorias na Qualidade também foram citadas.

Além disso, vários fornecedores da Toyota relataram que a implementação do QFD melhorou a Qualidade, diminuindo, ao mesmo tempo, os custos, e reduziu à metade o tempo de desenvolvimento do produto, ajudando a alcançar importantes vantagens competitivas.

Fala a Voz do Cliente

As necessidades do cliente podem facilmente sofrer distorções na interpretação durante o complicado ciclo de desenvolvimento do produto. Por exemplo, o gerente de marketing pode perguntar por "luxo implícito". Para o engenheiro de projeto, no entanto, "implícito" ou, no caso em questão, "luxo" podem ter significados completamente diferentes. O QFD é um processo que traduz a mensagem do cliente na sua forma mais pura, sem a ambigüidade causada por interpretações múltiplas.

O QFD não só enfatiza, para toda a companhia, a atenção dada às necessidades do cliente, como também fornece um mecanismo de seleção de áreas-alvo, onde vantagens competitivas podem ajudar a melhorar a posição de mercado — áreas com potencial subdesenvolvido. Ao identificar os pontos críticos no projeto e nas características dos componentes — as características que mais influenciam as necessidades globais dos clientes —, o QFD assegura que os esforços no desenvolvimento do produto matem dois coelhos com uma só cajadada.

O QFD também pode ser utilizado para diminuir os custos de garantia de produtos já existentes, o que tem um efeito positivo na lucratividade. Uma das aplicações do QFD mais amplamente apresentadas, o estudo de caso sobre a ferrugem na Toyota, foi iniciada em resposta ao aumento de custos de garantia devidos à corrosão. Via QFD e Métodos Taguchi, a Toyota virtualmente eliminou sua despesa de garantia com corrosão.

Criando uma Base de Conhecimento

Após os esforços de um projeto de QFD serem julgados bem-sucedidos, a *base de conhecimento* criada para aquele

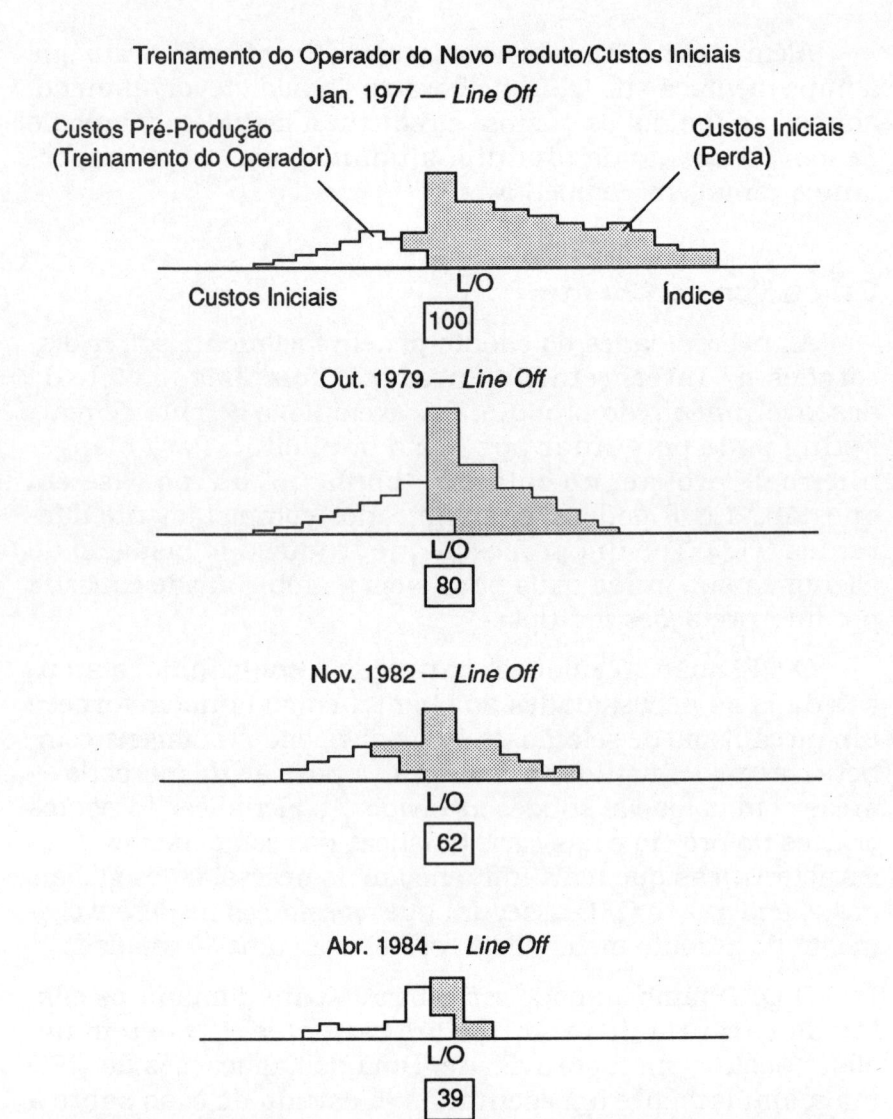

FIGURA 3.1 A Toyota Auto Body obteve uma redução acumulada de 61% nos custos iniciais de quatro modelos de caminhonetes (1977-84), com o uso do QFD.

projeto serve como um repositório de informações para a engenharia.

Com o QFD, o conhecimento pode ser preservado de uma forma concisa, em contraste com manuais desordenados de normas de projeto. As matrizes e diagramas que foram preparados e que fazem parte do procedimento do QFD criam documentos de trabalho de fácil referência e com os quais se aprende.

A base de conhecimento do QFD contém uma grande promessa para esforços futuros no desenvolvimento de produto. Ele contém questões relativas a que decisões foram tomadas e por que o foram, além de poder simplificar esforços em tomadas de decisões semelhantes. Ao mesmo tempo, pode ajudar a prevenir que problemas ocorridos em 1987 voltem a ocorrer em 1993.

O QFD pode ser usado, ainda, para treinar engenheiros que estão começando. Revendo resultados bem-sucedidos de projetos de QFD, esses engenheiros começam mais acima na curva de aprendizado. O processo oferece, entre outros, potencial para educação contínua de empregados através das linhas departamentais.

"O QFD vai-nos prover de um banco de dados para a engenharia de projeto em produtos futuros", explica Calvin W. Gray, da Sheller-Globe. "Nossa expectativa inicial era de que consumiríamos mais homens-horas para concluir o projeto de QFD com sucesso. Mas, quando fizermos um produto similar, o tempo necessário para obter o mesmo nível de Qualidade será reduzido. O resultado dessa rede será uma redução significativa de tempo, desde a concepção do produto até sua introdução no mercado."

Norman E. Morrell, da Budd Co., concorda: "O QFD estabelece uma base para o trabalho futuro — você não tem que reinventar a roda ou ficar imaginando como fez da última vez. Também se adquire uma disciplina necessária, algo assim como um *checklist* de piloto. Um cara pode ter voado em 300 missões, mas, mesmo assim, ele verifica todos os instrumentos todas as vezes que entra na cabine."

Nakahita Sato, Diretor da Toyota Auto Body, também está de acordo com os dois depoimentos anteriores: "O QFD parece complicado à primeira vista, e o pessoal técnico pode tender a ignorá-lo, mas os dados que são gerados podem ser considerados como um acúmulo de *know-how* que pode

Por que QFD?

Benefícios tangíveis

- Redução considerável no tempo para desenvolvimento
- Virtual eliminação de mudanças tardias de engenharia
- Diminuição de custos iniciais no projeto
- Aumento da confiabilidade do projeto
- Controle de fatores econômicos na fábrica

Benefícios intangíveis

- Aumento da satisfação dos clientes
- Atividade de Planejamento da garantia da Qualidade estável
- O pacote de documentação do QFD
  — Costuma ter aplicação genérica
  — *Know-how* de engenharia armazenado e transferível
- Base para melhoria de planejamento

Valor resumido

- Fortalece o processo de desenvolvimento atual
  — Esclarece os objetivos definidos anteriormente com base no marketing/demandas de negócio
  — Enfoque simultâneo em tecnologias de produto e processo
  — Assuntos básicos permanecem visíveis para priorizar alocação de recursos
  — Comunicação e trabalho de equipe são reforçados
- O resultado desejado é alcançado com eficiência
  — Produtos atendem às necessidades do cliente
  — Produtos fornecem margem competitiva

Extraído do trabalho "Colocando o Conceito de QFD para Funcionar", apresentado por George R. Perry, Vice-Presidente de Qualidade e Confiabilidade da Allied-Signal, Inc., Southfield, Michigan, na 25ª Conferência Anual da ASQC, Divisão Automotiva.

ser adicionado ou melhorado em cada novo ciclo de desenvolvimento e, assim, tornar-se um importante acervo da companhia.

Hoje, quando o número de projetos cresce anualmente, mesmo o pessoal técnico com experiência comparativamente pequena muitas vezes tem oportunidade de trabalhar com responsabilidade de pessoal de primeiro nível. Com o uso desse método, talvez seja possível trabalharem ainda melhor e, simultaneamente, tirar partido do conhecimento do pessoal técnico mais experiente." Na Toyota Auto Body, o QFD é usado para tornar bons engenheiros em ótimos engenheiros.

Integrando Processo e Projeto

O QFD pode ser entendido como a massa que, quando junta, obriga a reunião das várias etapas do desenvolvimento do produto. Amarrando as atividades de projeto às de processo, chega-se à integração das várias funções.

Raymond P. Smock, Gerente de Desenvolvimento de Conceitos Avançados da Qualidade, Garantia do Produto da Ford Motor Co., de Michigan, descreve o QFD como uma estrutura de planejamento abrangente para desenvolvimento de produto. "O QFD integra o processo pelo qual se traduzem as necessidades do cliente em requisitos técnicos para cada etapa do desenvolvimento do produto." Ele explica que "o QFD prioriza as características do produto e do processo de fabricação e destaca as áreas que requerem maior análise".

Na opinião de Smock, o QFD traz grande benefício quando aplicado a sistemas complexos, onde abordagens tradicionais, como projetos baseados em regras, não são bem adaptados.

O QFD está sendo ensinado na Ford Motor Co., em conjunto com o treinamento para o programa de Controle da Qualidade Amplo Empresarial (CQAE) iniciado em junho de 1987. O trabalho básico para este programa — que é o resultado de extenso estudo e avaliação — começou no início dos anos 80, quando o Dr. W. Edwards Deming, um dos gurus da Qualidade, visitou a Ford Motor, seguido pelo Dr. Kaoru Ishikawa, uma autoridade japonesa em CQAE.

O QFD é altamente complementar aos programas de CQAE ou CQT (Controle de Qualidade Total), assim como à engenharia simultânea. Em muitas formas, a abordagem do QFD é uma extensão lógica da engenharia simultânea — ele promove a mesma abordagem de equipe para desenvolvimento de produto substituto, enquanto coloca ênfase crescente na voz do cliente, fornecendo documentação detalhada dos esforços da equipe.

Qual a importância do QFD num programa de Qualidade total? Quando perguntado sobre quais os elementos que conduziram à transformação da Qualidade na Toyota Auto Body, Akashi Fukuhara, da CJQCA, enumerou os Métodos Taguchi, Análise de Árvore de Falhas (FTA) e Análise de Árvore de Falhas Reversa (RFTA), Análise de Modo de Falhas e Efeito (FMEA), Controle Estatístico do Processo (CEP) e QFD. (Fukuhara trabalhou durante 20 anos na Toyota Auto Body e foi instrumento da implantação do CQT na companhia.)

Fukuhara foi solicitado a dizer o grau de importância de cada uma dessas ferramentas para melhoria da Qualidade na Toyota Auto Body e fez as seguintes estimativas: Métodos Taguchi, 50%; FTA/RFTA, 35%; e FMEA, 15%, que, juntos somam 100%! Ele explica que o CEP foi usado para monitorar, manter e elevar a Qualidade mais do que propriamente melhorá-la. Isto não quer dizer que o CEP não deva ser usado nos Estados Unidos para o processo de melhoria da Qualidade, mas que, na *Toyota*, o CEP não é mais necessário para melhorar a Qualidade. O QFD, por outro lado, foi o mapa usado para identificar quando e onde aplicar as ferramentas citadas (ver Fig. 3.2).

O QFD ajuda a identificar quais ferramentas analíticas (Taguchi, FTA, RFTA, FMEA e assim por diante) serão mais bem utilizadas durante o ciclo de desenvolvimento do produto, assim como requisitos de projeto conflitantes que se beneficiam com a otimização (ver no Apêndice uma breve descrição dos Métodos Taguchi e projeto de parâmetros). Este me-

Comentários do Campo

"A necessidade do uso do QFD é resumida da melhor forma pela frase 'ou você melhora ou será derrotado'. O QFD simplesmente melhora as atividades no desenvolvimento de um produto novo, assim como seu enfoque, concentrando toda a organização para o rápido desenvolvimento de novos produtos, com alta Qualidade e a custos baixos."

Michael E. Chupa, Vice-Presidente de Marketing da ITT Hancock, Jackson, Michigan.

"O QFD ajuda a unir as atividades de processo e projeto de produto, fornecendo melhor integração de várias funções. É uma forma sistemática de trazer o desejo coletivo da corporação para o enfrentamento do problema."

Dr. Don Clausing, Professor Adjunto do Massachusetts Institute of Technology, Cambridge, Massachusetts

"Não podemos melhorar a Qualidade se continuarmos agindo de maneira reativa ao enfrentar problemas. O QFD nos dá a oportunidade de parar de falar sobre fixação e começar a falar em prevenção."

Robert J. Dika, especialista, Engenharia de Garantia da Qualidade, Chrysler Corp., Highland Park, Michigan

"O QFD formaliza o seu processo de desenvolvimento de produto e documenta o que acontece durante sua aplicação, o que ajuda todos a entenderem o que o processo acarreta."

James T. Gipprich, Diretor de Desenvolvimento de Marketing, Kelsey-Hayes Co., Romulus, Michigan

"Qual foi simplesmente o grande ganho que os japoneses obtiveram usando o QFD? Assegurar que o produto que eles colocavam no mercado atendesse de modo mais completo ao preenchimento das necessidades do cliente e que ele jamais houvesse experimentado."

Continua na página seguinte

Calvin W. Gray, Vice-Presidente de Vendas e Operações Internacionais, da Sheller-Globe, Detroit, Michigan

"Como professor, estou sempre à procura de conceitos que sejam ensináveis. O QFD é uma disciplina ensinável. Você pode ensiná-lo em sala de aula ou em outro lugar, dando às pessoas o conhecimento básico para começarem ou mudarem o modo de fazer essas atividades."

Walton M. Hancock, Deão Associado, Centro de Pesquisa em Fabricação Integrada, College of Engineering, University of Michigan, Ann Arbor, Michigan

"O QFD é uma excelente ferramenta de planejamento — um veículo através do qual colocamos as pessoas para trabalhar como uma equipe e alcançar metas comuns. É uma ferramenta que assegura que todas as bases sejam cobertas, que não se deixe de virar nenhuma pedra."

Norman E. Morrell, Gerente Geral de Qualidade e Confiabilidade de Produto, The Budd Co., Troy, Michigan

"O QFD oferece muitos benefícios ao cliente final, pelo que ele consegue desde o início. Com o QFD, não há necessidade de fazer "curativos", situação em que todos pagam os custos. Apesar de todo o esforço para assegurar que esses curativos resolvam o problema, os defeitos geralmente persistem. Ao longo do tempo, quem sofre é o cliente final, assim como a reputação da companhia."

George R. Perry, Vice-Presidente de Qualidade e Confiabilidade, Allied-Signal, Inc., Automotive Sector World Headquarters, Southfield, Michigan

"O QFD força o pessoal a ter mais consciência de problemas potenciais e, como resultado, fazer um trabalho melhor. O QFD não só nos ajuda a encontrar as falhas, como a não repetir erros passados."

Robert H. Schaefer, Diretor de Engenharia de Confiabilidade, Garantia do Produto e Validação, Chevrolet-Pontiac-Canada Group, General Motors Corp., Warren, Michigan

"O QFD irá apontar as áreas onde será necessário um trabalho analítico posterior, o que resulta numa análise que enfoca o atendimento das necessidades do cliente. Esta é a mudança mais importante. As pessoas estão procurando onde usar as ferramentas de análise, tais como projeto de experimento. O QFD mostra o caminho."

Raymond P. Smock, Gerente de Desenvolvimento de Conceitos Avançados em Qualidade e Garantia do Produto, Ford North American Automotive Operations, Dearborn, Michigan

"Um dos maiores méritos do QFD está em suprir os novos empregados com o conhecimento e a experiência que seus predecessores ganharam. Internamente, vemos uma transição mais suave através do QFD e, portanto, tempos reduzidos para o início de novos projetos. Além disso, os produtos que fabricamos terão maior Qualidade."

Peter J. Soltis, Especialista Técnico Sênior, Engenharia de Produto, Kelsey-Hayes Co., Romulus, Michigan

canismo de alimentação à frente capta o conhecimento que, de outro modo, não seria documentado (ver Fig. 3.3). O uso permanente do QFD pelos japoneses, em conjunto com os Métodos Taguchi e outras técnicas de controle da Qualidade, capitaliza benefícios para cada um desses métodos.

```
                  Contribuição para a Melhoria
                    da Qualidade na Toyota
                  ┌─────────────────────────┐
                  │ Métodos         50%     │
                  │ Taguchi                 │
     QFD ────────▶│ FTA/RFTA        35%     │────▶ CEP
 Identifica Itens │ FMEA            15%     │   Mantém Elevada
   Importantes    └─────────────────────────┘     Monitoração
```

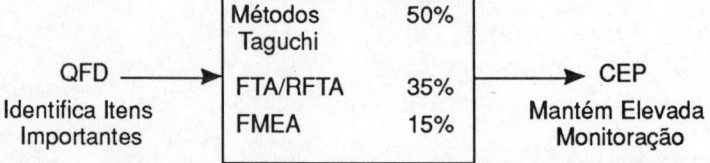

FIGURA 3.2 Contribuíram para a melhoria da Qualidade na Toyota, na seguinte proporção, Métodos Taguchi (50%), FTA/RFTA (35%) e FMEA (15%). Para *manter* a Qualidade, aplicou-se o CEP, e usou-se o QFD para *identificar* onde utilizar os Métodos Taguchi, FTA/RFTA e FMEA.

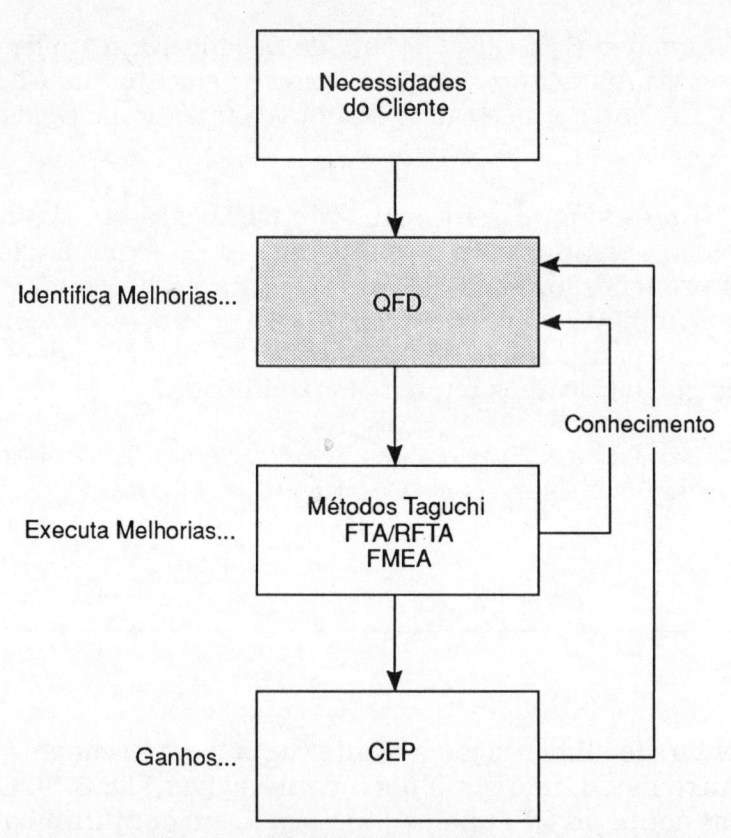

FIGURA 3.3 O QFD emprega um mecanismo de "alimentação à frente", que identifica onde usar as ferramentas como Métodos Taguchi, FTA/RFTA e FMEA, e assim permite a documentação do uso das mesmas.

4
Dimensionando a Concorrência

As distinções tradicionais entre competição interna (doméstica) e estrangeira tornam-se cada vez mais nebulosas, com o crescimento das companhias multinacionais. A administração de muitas empresas estrangeiras reconhece esse fato. Conseqüentemente, tais empresas estão se movimentando para intensificar sua presença no cenário internacional — incluindo mais investimento direto na América do Norte.

Os resultados desses investimentos estão ficando cada vez mais visíveis. Nos dias de hoje, os investimentos externos diretos nos Estados Unidos somam aproximadamente 200 bilhões de dólares, estimulando a expansão de negócios, novas fábricas e novos empregos. Para meados dos anos 90, há uma projeção de investimentos externos, liderados pelos japoneses, que podem deter até 400 bilhões de dólares em empresas americanas — o dobro do que possuem hoje.

Os conflitos comerciais e a ameaça de medidas protecionistas estão estimulando os investimentos externos diretos. Quando confrontadas com cotas comerciais ou similares, as empresas estrangeiras estão substituindo as exportações por base de produção local. O resultado final será manter ou expandir a participação no mercado interno e aumentar a competição das companhias americanas.

De acordo com o Ministério da Indústria e Comércio Internacional, de Tóquio, os investimentos japoneses irão criar mais de 840 mil empregos na América, nesta década, o que irá reduzir a rentabilidade das empresas americanas, ao mesmo tempo que aumentará a necessidade de reforçar a eficiência no trabalho. Tudo conjugado coloca a América industrial numa arena de mudanças e cria novos e maiores desafios.

Vantagem da Adversidade

Esses desafios apresentam também inúmeras oportunidades — a oportunidade de aperfeiçoar os métodos americanos de gerenciamento e as práticas de manufatura, a oportunidade de satisfazer aos requisitos do cliente e da empresa simultaneamente, a oportunidade para fabricar produtos a um custo menor e com melhor Qualidade, e a oportunidade de fabricar tais produtos antes da concorrência.

O Desdobramento da Função Qualidade (QFD) pode ajudar a tornar reais essas oportunidades, reduzindo o tempo necessário para colocação do produto no mercado em um terço ou à metade — o que irá reduzir o custo total do produto, tornando-o adequado e competitivo —, reduzindo custos de material e *overhead*, os dois maiores contribuintes para os custos totais de manufatura. O QFD faz tudo isso, pois minimiza as mudanças de engenharia durante o ciclo de desenvolvimento do produto e assegura que as mudanças requeridas ocorram no papel, e não no *hardware*.

Citando Walton M. Hancock, Deão Associado do Centro de Pesquisa para Manufatura Integrada, College of Engineering, University of Michigan, Ann Arbor, Michigan: "Temos que dar ênfase à nossa capacidade de fazer produtos de alta Qualidade a um custo baixo e que as pessoas queiram comprar no mercado mundial. A combinação desses dois fatores é crucial. A capacidade de produzir coisas que as pessoas queiram comprar, considerando as pessoas no mercado mundial, significa que os produtos têm que ser projetados para agradar a todos nesse mercado mundial, e não apenas as pessoas nos Estados Unidos. A outra questão é a capacidade de mudar produtos rapidamente; se o seu concorrente aparece com alguma coisa melhor, é bom que sejamos capazes de reagir a isso."

O caminho para o mercado global, no entanto, não é pavimentado com ouro nem desprovido de espinhos e pedras. Incluída nessa última categoria está a questão do protecionismo, que encontrou um aspecto favorável em uma pesquisa de 1987 realizada pela Coopers & Lybrand, de New York, uma empresa de consultoria.

O estudo da Coopers & Lybrand, intitulado "*Made in America*: Uma Pesquisa sobre o Futuro das Empresas de Manufatura", consistiu em entrevistas aprofundadas com 301 altos executivos entre as 500 companhias da *Fortune* e com 351 "trabalhadores especializados" (engenheiros que ocupam pelo menos 25% do seu tempo de trabalho no chão de fábrica ou que estavam anteriormente envolvidos com projeto ou processo).

Só 10% dos executivos pesquisados pensam que as restrições na importação seriam uma forma eficaz de restaurar suas posições competitivas. Esta é uma boa notícia para companhias multinacionais da América, que estão obtendo boas porcentagens de vendas vindas de fora.

Outros executivos, assim como políticos, cansam de repetir que os países que exportam para a América também devem estar preparados para abrir seus mercados e importar produtos *made in America*. Pressões políticas parecem excluir tal cenário. Entretanto, os requisitos quanto a Qualidade e custo serão severos tanto lá fora quanto no solo doméstico. Pensamos que as barreiras de mercado são nosso principal entrave, mas, em muitos casos, nossos produtos estão se mantendo no caminho.

Uma Perspectiva Global?

Embora a mensagem dirigida à América industrial seja a global, nem todas as companhias americanas a estão levando a sério. De acordo com estudo da Coopers & Lybrand, a maioria das empresas americanas ainda vê outras empresas domésticas como suas maiores concorrentes, apesar de a preocupação pela competitividade global das empresas americanas ser muito bem divulgada.

Dos executivos pesquisados no estudo "*Made in America*", 55% vêem sua competição mais agressiva vindo de companhias americanas, 13% vindas do Japão, 13% da Bacia do Pacífico, 11% da Europa Ocidental e 2% da América Latina (ver Fig. 4.1). Trinta e seis por cento desses mesmos executivos previam que, em 1992, a concorrência viria de companhias domésticas, 20% do Japão, 18% da Bacia do Pacífico, 10% da Europa Ocidental e 6% da América Latina (ver Fig. 4.2). Estabelecer uma posição internacional competitiva foi julgado um sério problema por 44% dos executivos entrevistados.

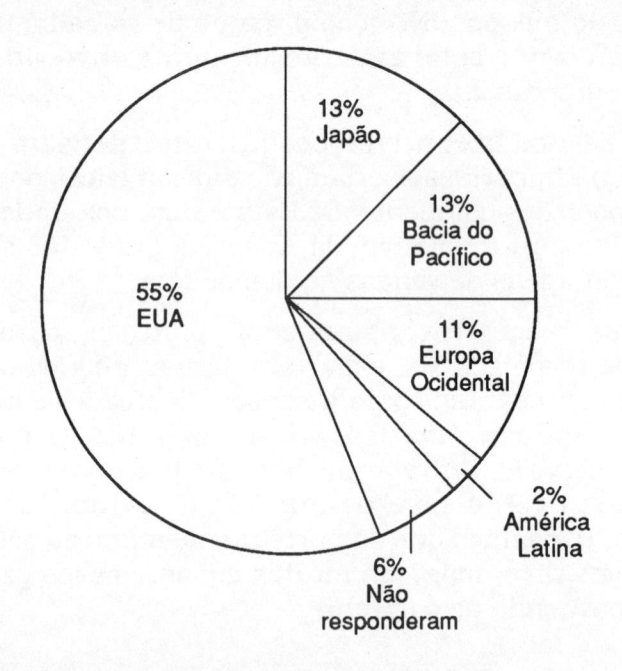

FIGURA 4.1 Dos executivos pesquisados, 55% vêem a concorrência mais agressiva vindo de empresas dos EUA, 13% do Japão, 13% da Bacia do Pacífico, 11% da Europa Ocidental e 2% da América Latina (6% não responderam).

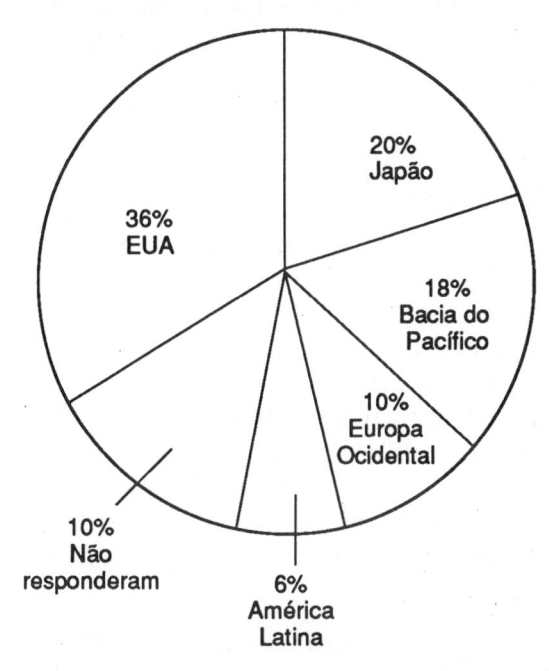

FIGURA 4.2 Dos executivos pesquisados, 36% previam a concorrência mais agressiva para 1992 vinda de empresas dos EUA, 20% do Japão, 18% da Bacia do Pacífico, 10% da Europa Ocidental e 6% da América Latina (10% não responderam).

"O otimismo expresso por esses altos executivos revela uma certa miopia. Embora percebendo uma competição crescente vinda de fora, os executivos ainda vêem a principal concorrência vindo do outro lado da rua, e não aquela vinda do outro lado do oceano", diz Henry Johansson, Chairman da Coopers & Lybrand.

"Lições que deviam ter sido aprendidas com automóveis, aço e máquinas-ferramentas foram perdidas em outros segmentos industriais, e, em vez de considerarem uma visão global, os executivos ainda tendem a pensar e planejar em termos domésticos."

Segundo Johansson, os executivos pesquisados parecem estar olhando para a concorrência de casa como o mais importante padrão para o sucesso. Estão usando, em primeiro lugar, a posição de mercado americana como uma medida, enquanto está bem claro que quase toda empresa americana participa do mercado global.

Indústrias sob Ataque

Várias empresas americanas foram afetadas adversamente por importações de baixo custo e alta Qualidade — incluindo eletrodomésticos, automóveis, máquinas fotográficas, aparelhos eletrônicos, equipamentos agrícolas, caminhões pesados, ferramentas, pequenos equipamentos movidos a gasolina, aço e indústria têxtil. Poucas delas ficaram tão arruinadas que é difícil acreditar na sua recuperação. A ameaça não veio só do Japão — inúmeras empresas da Europa e do Sudeste Asiático estão colhendo os lucros de uma crescente posição de mercado e são forças a serem consideradas igualmente.

"Preço, tempo de entrega, confiabilidade. Por quase 10 anos, as empresas americanas de fabricação de máquinas-ferramentas estão sendo batidas pelas japonesas em todos os três itens citados. Nos últimos anos, Taiwan e Coréia do Sul entraram na disputa usando máquinas bem-feitas e baratas para capturar segmentos do mercado dos Estados Unidos", escreve Gregory T. Farnum, no artigo "The Machine Tool Industry — a Look Ahead" (*Manufacturing Engineering*, novembro de 1986). "E, atrás de Taiwan e da Coréia, vem uma tropa de novos competidores de países que muitos americanos levariam um bom tempo para localizar no mapa. Resultado: as importações de máquinas-ferramentas chegam agora a mais da metade do consumo dos Estados Unidos.

Este é só um exemplo de uma então indolente indústria japonesa que recebeu uma injeção de vida nova. Máquinas-ferramentas são produzidas no Japão em quantidades maiores do que em qualquer outro país. Em 1955, entretanto, este não era o caso. O nível técnico das máquinas japonesas era considerado mais de 20 anos atrasado com relação às dos Estados Unidos e da Europa. Além disso, de 30 a 50% do suprimento das máquinas japonesas eram importados.

Hoje, máquinas-ferramentas de controle numérico informatizadas do Japão são tecnologicamente mais avançadas e populares no *front* doméstico.

A indústria automobilística também está sendo importunada com os efeitos da globalização. A obra *Changing Alliances*, de Davis Dyer, Malcolm S. Salter e Alan M. Webber (1987, Havard Business School Press), publicada como o resultado do "Harvard Business School Project on the Auto Industry and the American Economy", relata que a globalização coloca um desafio direto para a indústria automobilística americana, como também para a economia americana, porque o sistema americano tem uma desvantagem fundamental em um mercado mundial livre. Outras indústrias irão experimentar situações semelhantes, enquanto a globalização devasta as indústrias americanas, segundo o relato.

O apêndice de *Changing Alliances*, "Programas de Produtos Competitivos, Produção Doméstica Antecipada e Emprego na Indústria Automotiva para 1990", preparado por John O'Donnell, constata que os fabricantes japoneses de automóveis capturaram quase 50% do mercado dos EUA de carros pequenos, quase 25% do mercado de carros de tamanho médio e mais de 40% dos esportivos. O apêndice também revela que, de 1980 a 1985, fabricantes de veículos japoneses e coreanos introduziram cinco vezes mais carros pequenos que os fabricantes americanos, três vezes mais carros médios e duas vezes mais carros esportivos. Aí está a beleza do encurtamento dos ciclos de produto.

Além disso, os japoneses continuamente procuram nichos de mercado que, tradicionalmente, têm sido dominados pela indústria americana e estão esmagando outras indústrias, em resposta a pressões da concorrência de outros países. O *Japan Economic Almanac*, de 1986, identifica as indústrias de informática e química como sendo as que se caracterizam por um excelente crescimento potencial. O almanaque também relata que filiais japonesas de companhias americanas de computação foram angariadas pelo uso de tecnologia avançada, mas experimentaram pequeno crescimento nas vendas, pois seus produtos falharam ao decifrar caracteres japoneses — um exemplo do não-atendimento à voz do cliente.

Considerando as Advertências

O estudo "*Made in America*" da Coopers & Lybrand relata que a maioria dos executivos pesquisados pensa que os Estados Unidos poderiam reconquistar a vantagem na competição em indústria automobilística (88%), aço (71%) e máquinas-ferramentas (66%). Dos 301 executivos pesquisados ligados à manufatura, 66% pensam que os EUA irão reverter as desvantagens atuais e 67% dos trabalhadores especializados reiteraram a posição deles.

Será que fatos e constatações da indústria dão suporte a tanto otimismo? Não necessariamente. Enquanto investimentos externos têm sido creditados a realizar condições operacionais equalizadas, também resultará maior capacidade. A competição estrangeira não está com jeito de ir embora — os japoneses e outros concorrentes continuarão a ajustar operações, na busca da redução de custos e vantagens de valor agregado ao produto. Além do mais, existe um excesso de capacidade em muitas áreas, tais como a automobilística e a de microeletrônica.

Uma reportagem especial publicada na *Fortune* (2 de fevereiro de 1987), "A Economia dos Anos 90", fez uma projeção de que as companhias automobilísticas estrangeiras iriam dobrar sua atual produção de 600 mil carros na América, se pelo menos seis novas instalações entrassem em operação. Algumas estimativas industriais indicam que fabricantes japoneses de automóveis teriam capacidade para produzir dois milhões de carros, em fábricas americanas em 1990, resultando num excedente superior a quatro milhões e meio de carros nos EUA. A maioria das empresas automobilísticas japonesas com fábricas nos EUA já aumentou a produção — o restante planejava ter fábricas americanas iniciando as operações antes de 1990. E os fornecedores da indústria automobilística já começaram — e, seguramente, continuarão — a segui-los, como o farão os fornecedores de outras indústrias.

Chegou a hora de tomarmos uma atitude para enfrentar a concorrência, usando técnicas de fogo seguras e ferramentas gerenciais onde e quando necessárias.

5
Onde Está a Diferença?

O desafio é grande: geralmente o desenvolvimento do produto americano é orientado pela voz do engenheiro e pela voz do executivo, não pela voz do cliente. No entanto, a opinião geral é a de que isso já esteja mudando. Desde orientações corporativas até mensagens veiculadas em campanhas publicitárias, a idéia é a de se orientar pelo cliente. As necessidades do cliente devem vir em primeiro lugar.

Vejamos, por exemplo, a declaração de compromisso da Kelsey-Hayes Co., Romulus, Michigan, como parte de seu programa de excelência, em toda a empresa: "O compromisso da Kelsey-Hayes Co. é o de ser a melhor fornecedora de produtos e serviços a seus clientes. Cumpriremos essa tarefa através da dedicação de nossos empregados e do uso efetivo de todos os recursos ao alcance da corporação. Nosso sucesso resultará em crescimento e prosperidade." Incluem-se nos princípios que orientam o compromisso da Kelsey-Hayes: "os clientes são o foco de tudo o que fazemos", "melhoria contínua é essencial para o nosso sucesso" e "os fornecedores são nossos parceiros".

Retrospectiva

Será tão importante assim a voz do cliente? As circunstâncias do ataque aéreo do Iraque ao navio americano USS *Stark*, em 17 de maio de 1987, que matou 37 marinheiros americanos, além de terem provocado uma queda na posição de mercado, nos lembram que é importante a voz do cliente. Quando um operador de radar começou a se incomodar com o *bip* do sistema eletrônico de alarme, projetado para alertar a tripulação do *Stark* sobre o radar inimigo, ele desligou o sistema audível. O sinal visual do sistema não foi detectado a tempo e, então, a culpa da tragédia do *Stark* foi atribuída, parcialmente, a erro humano. No entanto, aquele erro humano foi resultado de um cliente insatisfeito.

"A história é um pesadelo para os fabricantes de armamento eletrônico sofisticado, que cada vez mais julgam que os sistemas que estão construindo tornaram-se complexos demais para serem operados adequadamente por soldados e marinheiros", escreveu John H. Cushman Jr. no *New York Times* em 21 de junho de 1987. "Além disso, a manutenção e o reparo de armas eletrônicas estão, na maioria das vezes, além da capacidade pessoal militar, apesar do investimento de enormes quantias em treinamento, de acordo com especialistas, tanto de fora quanto do governo."

O Que Saiu Errado?

Os gurus da indústria detectaram um grande número de procedimentos ineficientes que resultam na falta de atendimento às necessidade do cliente. O planejamento, embora normalmente executado com as melhores intenções, é feito em condições inadequadas, porque está sob as restrições de mensagens conflitantes: é importante planejar, mas desse modo é improdutivo. Em conseqüência, o planejamento fornece orientações genéricas, dando pouca atenção aos detalhes, que são deixados para a fase de execução. Não há tempo para fazer certo, mas muito tempo para refazer.

Os objetivos recebem um tratamento semelhante, sendo interpretados, de modo geral, como metas suficientes, mas os meios para alcançá-las freqüentemente não são claros. Há diferenças de interpretação e de prioridades, conflitos que são encobertos etc., tudo se somando para impedir que os objetivos fiquem claramente definidos.

O que também não ajuda é a ineficiência tanto no desenvolvimento como na fabricação do produto. A primeira decorre da perda da visão das necessidades do cliente, preocupação maior com a programação que com o produto, inadequação do teste do produto, de novos projetos em vez de melhores, preocupação com mudanças no projeto, isolamento dos esforços no projeto, projeto e fabricação voltados para a especificação de tolerâncias, em vez de valores objetivos, avaliação inadequada das necessidades de fabricação e o alcance sensível de condições ótimas. No que diz respeito à ineficiência de fabricação, é decorrente de processos ineficientes, inventários excessivos, aumento de custo para a melhoria da Qualidade e dependência nos procedimentos dos operadores. Dar ênfase à solução de problemas em curto prazo e usar alta tecnologia para sua solução resultam em barreiras adicionais. A Fig. 5.1 mostra o contraste de abordagens de solução de problemas entre o Japão e os EUA.

Don Clausing, do MIT, identificou 10 itens de evasão de caixa que devastam a indústria americana:

- **Avanço da tecnologia — mas para quê?** Os Estados Unidos são muito bons na geração de tecnologia. Mas existe um problema que é triplo: novos conceitos tecnológicos são desenvolvidos e importantes recursos são gastos, mas não há identificação de qualquer necessidade visível do cliente; existem fortes necessidades de clientes para as quais faltam atividades de geração de tecnologia; e bons conceitos tecnológicos são desenvolvidos para os quais há necessidades nítidas dos clientes, mas esses conceitos são transferidos inadequadamente para as atividades do sistema de projeto.

- **Menosprezo pela voz do cliente.** Os produtos são freqüentemente condenados à mediocridade na primeira etapa do projeto — determinação das necessidades

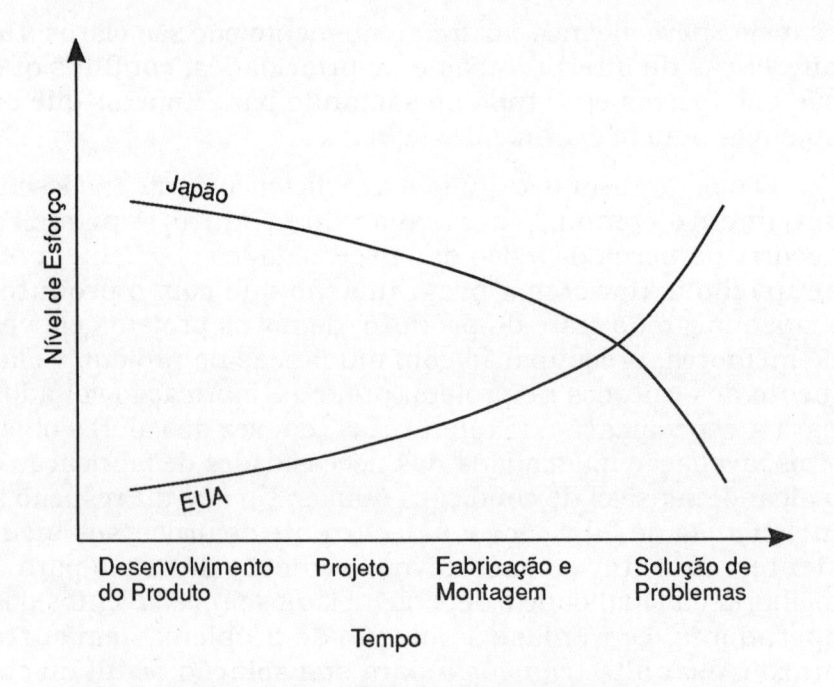

FIGURA 5.1 Durante o processo de desenvolvimento do produto, os engenheiros japoneses focalizam seus esforços nas atividades ditas superiores, tais como pesquisa e desenvolvimento e projeto. Por outro lado, os engenheiros americanos concentram-se, tipicamente, em atividades de solução de problemas.

do cliente. Contribui para esse fracasso a ênfase na voz do executivo ou do engenheiro, em vez de na voz do cliente.

- **A "grande idéia"**. A seleção do conceito do produto muitas vezes acontece depois de alguém dar o grito: "Eu tive esta grande idéia!" Esse conceito passa, então, a ser o único considerado seriamente, embora possa ser altamente vulnerável e incapaz de resistir ao teste do tempo.

- **Projetos pretensiosos**. São projetos com novas concepções, mas não de produtos melhores. Muitas vezes, eles nem são feitos para serem produzidos, ao contrário, o enfoque é na criação de protótipos experimentais. A falta de intenção de produzi-lo conduz a atitudes desastrosas, do tipo "é apenas um primeiro projeto — vou melhorá-lo no futuro".

- **Produtos maquiados.** As concepções de produto muitas vezes são "maquiadas", de modo a causarem boa impressão ao serem demonstradas. Tal abordagem foi melhorada pela aplicação de técnicas de confiabilidade e metodologias de solução de problemas. No entanto, essas não são técnicas adequadas de abordagem na otimização dos parâmetros vitais em projetos.

- **Excesso de protótipos.** Ocorre quando os protótipos são tão numerosos, com fases de testes sobrepostas, que se leva tempo demais para removê-los e mantê-los, em vez de melhorar o projeto do produto.

- **"Aqui está o produto, onde está a fábrica?"** Se o projeto de desenvolvimento do produto só começou poucos meses antes da produção, ocorrerão sérios problemas.

- **"Sempre fizemos deste jeito."** Aspectos do processo de fabricação (velocidades, profundidade de corte, taxas de alimentação, pressões, temperaturas etc.) são especificados em folhas de operação ou programas de controle numérico. Os valores para parâmetros de processos muitas vezes foram fixados por longo tempo e podem ter sofrido pouco ou nenhum desenvolvimento. Isto conduz a uma atitude perigosa, ou seja, a de afirmar que "sempre fizemos deste jeito e funciona". Por sua vez, isso pode levar a confiança excessiva no tradicional, em prejuízo da inovação.

- **Inspeção.** A inspeção de fábrica — separar produtos bons dos defeituosos depois de encerrada a produção — é um processo ineficiente. O mesmo é válido para o teste de produtos durante o desenvolvimento (inspeção de projeto).

- **"Dê-me os objetivos e me deixe fazer meu trabalho."** A alocação inicial de objetivos muito detalhados tende a destruir o trabalho de equipe. Projetos em que cada pessoa trabalha isoladamente conduzem a subsistemas que não podem ser integrados, produtos que não podem ser fabricados, produção incapaz de fazer produtos modernos, sistemas operacionais que aprisionam os usuários, gerentes que não podem gerenciar e empregados que ficam esperando alguém dizer o que deve ser feito.

De acordo com Clausing, uma melhoria no processo total de desenvolvimento, que inclui o QFD, direcionada para trazer para o mercado, continuamente, produtos melhores vai evitar essa evasão de divisas.

"Uma das dificuldades é fazer as pessoas admitirem que há problemas no processo de trabalho. Mas este pensamento, da necessidade de melhoria do nosso processo de trabalho, está-se difundindo devagarinho na indústria americana", diz Clausing. "Os japoneses mudaram, forçados pela necessidade — eles sabiam que tinham de melhorar. Estão bastante voltados para a melhoria contínua, que o QFD ajuda a conseguir."

Uma Revisão da Abordagem

A documentação de como os japoneses fizeram a virada nas suas operações de manufatura foi investigada com muito zelo desde meados dos anos 70 em diante. Com essa busca, veio uma compreensão maior sobre o rejuvenescimento da indústria japonesa e as diferenças operacionais entre as empresas japonesas e as americanas (ver Fig. 5.2). Os japoneses fizeram mais que copiar os conceitos e técnicas ocidentais de gerenciamento e tecnológicos: estudaram minuciosamente essas ferramentas e aplicaram, de forma seletiva, as que lhes pareceram funcionar melhor e que mais se adaptavam a seu ambiente cultural específico.

Os japoneses não saíram em campo para se tornarem inventores. Pelo contrário, sua abordagem teve o sabor do senso comum, com um pouco de inovação adicionado em boas doses. Os procedimentos relacionados com o gerenciamento e a manufatura que foram postos em debate não eram novos para o mundo industrial. Quando julgados apropriados à situação, eram aplicados; quando não, eram descartados. Muitos poderiam tão facilmente ter sido aplicados nos EUA ou em qualquer outro país. A aplicação de outros conceitos poderia ter exigido um pouco mais de premeditação; em alguns casos, aspirações e expectativas culturais poderiam ter anulado sua eficácia.

O emprego do Controle Estatístico da Qualidade (CEQ) e do Controle Estatístico do Processo (CEP) teve muitos méri-

Diferenças Operacionais

Japão	EUA
Desdobra a voz do cliente (decide o que é importante)	Especifica requisitos internos (tudo é importante)
Projeto e criação para objetivos (reduz variação ou dispersão)	Projeto e criação para tolerância de especificação
Otimiza produto e processo do projeto	Reage aos problemas do cliente

FIGURA 5.2 Existem muitas diferenças operacionais entre as empresas japonesas e americanas, principalmente no que se refere à identificação e ao desdobramento das necessidades do cliente (QFD) e à otimização do produto e do procedimento no projeto (Métodos Taguchi).

tos; o uso de controles extensivos do material em processo não teve. Os ensinamentos do Dr. W. Edwards Deming e do

Dr. Joseph Juran foram postos em prática; mais tarde, seria aplicado o *just-in-time* (no momento certo). Eram desejáveis o trabalho em equipe, o consenso e a organização. Fabricantes começaram a trabalhar em conjunto com sindicatos, fornecedores e o governo; simplicidade se tornou a palavra de ordem.

Os resultados do esforço japonês incluíram melhoria de sistemas de controle da programação/produção, processos tecnológicos, procedimentos e sistemas da Qualidade, comunicações internas e técnicas de solução de problemas. As empresas japonesas acumularam uma posição de mercado, mediante a modernização de conceitos filosóficos de gerência e engenharia, para fazer produtos de Qualidade com variação reduzida pela otimização do projeto e melhoria de processos.

Foi, e continua sendo, um esforço de longo prazo que resultou em melhoria contínua da Qualidade. O que começou com melhoria da Qualidade através de métodos estatísticos evoluiu para o Controle da Qualidade Total (CQT), que, por sua vez, amadureceu e veio a tornar-se o Controle da Qualidade Amplo Empresarial (CQAE).

Assim como os japoneses incorporaram conceitos e técnicas ocidentais, os americanos podem aplicar o mesmo processo seletivo racional às ferramentas japonesas, adaptando-as às necessidades americanas e aperfeiçoando-as onde for possível. A ITT Mechanical Systems and Components-N.A., Bloomfield Hills, Michigan, por exemplo, está aplicando um QFD dividido em três fases, o que encurta o tempo necessário para implementar, com sucesso, a metodologia. Outras melhorias também estão sendo contempladas por outros pioneiros do QFD.

A aplicação, nos EUA, de técnicas gerenciais e de fabricação inspiradas nos japoneses deve ser parte de um esforço sistemático, um empenho planejado que seja analisado e avaliado com base nas necessidades e estratégias atuais das empresas. Como coloca apropriadamente George R. Perry, da Allied-Signal, "um dos papéis que tenho em meu emprego é o de continuar a procurar, rever e avaliar novos conceitos e métodos para a melhoria da Qualidade. Se eles parecem estar alinhados com nossas iniciativas estratégicas ou intensificarão nossa capacidade de seguir avante, a informação é transferida para nossas divisões operacionais em todo o mundo". Com tal aptidão e pelo envolvimento em seminários, conferências e missões de estudo, Perry tomou conhecimento do QFD.

O Papel do QFD

Quando as empresas japonesas desdobram a voz do cliente, elas mobilizam todos os empregados no sentido de enfatizarem a melhoria contínua da Qualidade, com custos reduzidos e tempos de resposta mais rápidos. Num sentido mais amplo, o CQAE diz respeito a gerenciamento da Qualidade, comportamento humano, desempenho no trabalho, ambiente de trabalho, produtos e serviços, os quais, combinados, abrangem a Qualidade da sociedade, indústrias, economia nacional e competitividade global.

Para benefício máximo em longo prazo, o QFD deveria ser aplicado como a força principal para o desenvolvimento do produto dentro do CQAE. O QFD não é para ser usado em qualquer componente de qualquer produto, nem necessariamente para cada produto. Fazer isso seria obstruir uma das características mais importantes do QFD — colocar no mercado um produto de alta Qualidade no menor intervalo de tempo possível. Em vez disso, dá-se prioridade a componentes e funções com maior potencial de aumentar a vantagem competitiva.

O QFD é usado para identificar e focalizar detalhes de alto risco no desenvolvimento do produto. O sistema normal de fabricação da empresa americana típica pode lidar com sucesso com a maioria dos detalhes do desenvolvimento do produto, sem que seja preciso sobrecarregá-lo com o QFD. Este deve ser aplicado em aspectos do produto onde o sistema normalmente falha, ou seja, possui áreas problemáticas ou necessita de inovações.

No Japão, o QFD costuma ser aplicado em conjunto com um tema específico de toda a empresa, como por exemplo a redução do tempo de desenvolvimento do produto, a redução de defeitos em produtos e assim por diante. Segundo Akashi Fukuhara, do CJQCA, a maioria dos ganhadores do Prêmio Deming de Aplicação (destinado à empresa que alcança o melhor desempenho em melhoria da Qualidade num determinado ano) usa o QFD.

6
Dando a Partida

Nos Estados Unidos, o QFD ainda está no seu estágio inicial. O desafio para as empresas americanas é usar o QFD de forma consistente, obtendo o máximo de vantagem e encontrando novas maneiras de fazê-lo. A maioria dos pioneiros em QFD entrevistados para este livro declararam que, nas suas respectivas empresas, o QFD encontra-se no que chamaram de "curva de aprendizado". Isto não quer dizer que não estejam comprometidos com ele; ao contrário, estão dedicando seu tempo a assimilar a fundo o processo, de modo a alcançarem resultados duradouros. Eles constataram que a implementação do QFD na Toyota Auto Body levou alguns anos e que melhorias em longo prazo são sempre difíceis.

A maioria dos que defendem o QFD aprendeu o processo em seminários e missões de estudo ao Japão. Todos manifestaram-se entusiasmados com o processo e declararam que sua implementação funcionar nos EUA não será fácil e, para tanto, será preciso provocar uma grande mudança organizacional.

"Muitas empresas pensam que estão prontas para esse tipo de mudança", explica Calvin W. Gray, da Sheller-Globe, "mas, quando chega a hora de colocar em prática, ninguém assina embaixo. Todos são a favor da melhoria, o que não quer dizer que estejam prontos para fazer as mudanças necessárias. É importante que a gerência entenda que a mudança é condição básica para implementar o QFD com sucesso."

Embora os entrevistados tenham suas raízes na indústria automobilística, onde o QFD começou a ser introduzido, a aplicação do processo é viável para outros setores industriais e de serviços.

O Esforço da Equipe

O QFD é proposto como uma atividade de equipe, desde a fase inicial de *brainstorming*, para o levantamento das necessidades do cliente, até o desdobramento dessas necessidades. Pela ênfase que o QFD dá ao trabalho de equipe, o planejamento amplo de esforços na empresa e o trabalho em conjunto com a engenharia são fundamentais para sua aplicação.

De acordo com Akashi Fukuhara, do CJQCA, que regularmente faz consultoria em QFD para empresas americanas, a área de produção deve ser inserida da forma mais intensa possível no processo total de desenvolvimento do produto. "A maioria das empresas americanas com as quais tive contato só incluiu o pessoal da garantia de Qualidade e de desenvolvimento de projeto; o pessoal da engenharia e da produção ainda não está envolvido no processo do QFD", diz Fukuhara.

"Trazer a turma operacional para a festa é um bocado problemático", concorda Robert H. Schaefer, Diretor de Engenharia da Confiabilidade, Garantia e Validação do Produto da Chevrolet-Pontiac-Canada Group, General Motors Corp., Warren, Michigan. "Por ora, o QFD está mais voltado para a engenharia, mas a produção está começando a participar. Temos algumas pessoas da produção que estão completamente obcecadas por ele."

Equipes multidisciplinares devem conter de cinco a sete pessoas, representando todas as funções-chave. O líder do projeto deve ter habilidades de coordenação de pessoas, estimulando-as a participar ativamente. O QFD é orientado pelo consenso e se sobressai num ambiente criativo e descontraído.

Projetos importantes provavelmente necessitarão de 50 a 60 horas de reuniões, que são usadas para coordenar atividades e atualizar matrizes e diagramas. Os membros da equipe também vão gastar muito tempo fora das reuniões para trabalhar com suas atribuições individuais. Muito do que eles terão de fazer será parte de suas tarefas regulares, direcionado pelo esforço de planejamento do QFD.

Há vários pontos fundamentais que a equipe de projeto do QFD deve ter em mente. O processo pode parecer fácil, mas exige esforço. A maioria dos registros pode parecer óbvia, depois de serem escritos. Os diagramas podem parecer que são o objetivo, porém são apenas os meios de atingi-lo. O objetivo é identificar e desdobrar a voz do cliente.

Selecionar um projeto que seja administrável e apoiado pela gerência e pelos seus pares também irá ajudar a ter-se um bom começo com o QFD. É melhor começar com um projeto pequeno o suficiente para ser acompanhado até sua finalização; o sucesso em pequena escala é melhor do que o fracasso em grande escala. De modo geral, o QFD é aplicado de maneira seletiva a componentes ou sistemas solicitados pelo mercado, ou por vantagem competitiva.

Os Primeiros Passos

O que os jovens americanos estão bebendo é muito importante para a Bacardi Imports Inc., uma empresa americana de comércio e distribuição do rum Bacardi. Proprietários de bares da moda de todo o país, periodicamente, são visitados por funcionários da Bacardi Imports, que pesquisam o que os clientes estão bebendo.

Fabricantes japoneses de automóveis também colocam seus empregados em campo, por exemplo, em exposições de automóveis, à procura de indicações, por parte dos clientes potenciais, que ajudem a definir o que a concorrência está fazendo e o que lhes agrada mais. Lugares como o Akihabara, em Tóquio, um mercado que testa artigos eletrônicos, tem função semelhante. O trabalho de campo pode dar uma visão importante da voz do cliente.

Abordagens mais analíticas para se chegar à voz do cliente também devem ser usadas em conjunto com o QFD. Qual a diferença entre esta coleta inicial de dados e as técnicas tradicionais de marketing?

"O pessoal de marketing muitas vezes estuda os mesmos problemas, mas usando técnicas diferentes", explica Donald R. Bacon, um doutor em marketing da Universidade de Michigan. "O marketing tem uma longa tradição em pesquisa de mercado. O QFD surgiu recentemente, de um campo de conhecimento completamente diferente. Há algumas diferenças básicas, mas ambos se movem em direção à mesma meta: entender melhor as necessidades do cliente e incluí-las no produto." Em termos gerais, o QFD é mais uma abordagem qualitativa, enquanto o marketing tradicional é mais quantitativo.

Entender e aplicar as necessidades do cliente ao produto estão incorporados no Sistema de quatro malas projetado pela Samsonite Division of Beatrice Companies, em meados dos anos 80 (*Sales & Marketing Management*, setembro de 1986). Após ter-se equipado para desenvolver produtos inovadores com características exclusivas, a Samsonite lançou um extensivo programa de pesquisa com o cliente. Cerca de 400 clientes foram questionados, inicialmente, sobre os problemas que haviam experimentado com sua bagagem; a outros 400 clientes, solicitou-se que ordenassem esses problemas por grau de importância. Isto resultou no projeto de uma nova mala, que, por sua vez, foi submetido a uma pesquisa com o cliente; ao final, cerca de 3.000 clientes participaram da pesquisa da Samsonite. O produto acabado, o Sistema de quatro malas, foi um sucesso instantâneo de mercado. Por ter adquirido mais consciência das necessidades do cliente, a Samsonite voltou a ser a número um no mercado americano de artigos de bagagem.

Se obtidas via trabalho de campo ou outras formas de análise de mercado, as reais necessidades do cliente (aquelas claramente expressas em termos leigos) devem ser conhecidas antes que se possa dar início ao QFD. Sem o verdadeiro entendimento da voz do cliente, o QFD pode tornar-se um exercício fútil. Conseguir compreender a voz do cliente nem sempre é tão fácil quanto parece. Uma vez que se consiga, no entanto, fixa-se o cenário para uma aplicação bem-sucedida do QFD.

Tanto a Kelsey-Hayes Co., de Michigan, quanto a The Budd Co. atenderam ao chamado do ASI para o estudo de casos sobre o QFD, no final de 1985. A primeira aplicação do QFD pela Kelsey-Hayes, a Casa da Qualidade de um sensor de nível para refrigeração, desenvolvida para a Ford Motor Co. (ver boxe "Sucesso nos EUA", no Cap. 2), foi criticada durante a missão de estudo do ASI ao Japão, em 1986, o que levou à elaboração de diagramas de QFD subseqüentes e um segundo estudo de caso de QFD. A segunda aplicação do QFD, um dispositivo automático de tranca de porta, incluiu um amplo *brainstorming* e uma revisão dos dados do marketing.

"Estávamos basicamente olhando para dois clientes, a Ford Motor Co. e a pessoa que iria dirigir o carro. Queríamos realmente identificar as necessidades de quem usa o sistema total, e não apenas o nosso componente, que é instalado na porta", explica James T. Gipprich, Diretor de Desenvolvimento e Marketing, Kelsey-Hayes Co.

"Nossa equipe começou identificando o que achávamos serem as necessidades do cliente. Em seguida, colocamos aqueles itens num questionário e pedimos às pessoas para fazerem seus comentários. Foi então que descobrimos que o que nós pensávamos serem perguntas apropriadas não faziam muito sentido para a média das pessoas que dirigem um carro."

As perguntas foram refeitas e analisadas de modo diferente, possibilitando o sucesso do projeto conjunto da Kelsey-Hayes/Ford Motor Co. Foi um esforço combinado, incluindo duas horas de reuniões quinzenais da equipe, com agendas bem elaboradas.

Schaefer, da GM, também reforça a importância de uma interpretação cristalina: "O segredo é captar a voz do cliente de tal maneira que o projetista saiba o que fazer e libere a energia criativa para responder às necessidades do cliente. O projetista não precisa realmente da interpretação do marketing, pois é muito melhor que ele ouça o que o cliente está dizendo. Este é o primeiro passo. Se você não tiver dado esse passo certo, o restante do seu projeto de QFD será questionável."

"Para começar a se entrosar em algum estudo, primeiro algumas hipóteses devem ser testadas. Se você vai cegamente, pode acontecer de ficar patinando sem sair do lugar. É melhor ter um objetivo bem definido para seguir em frente", diz Bacon.

Como foi explicado no Cap. 2, uma série de passos se seguem à determinação das necessidades do cliente: determinar os requisitos do projeto, fazer a correlação entre os requisitos do projeto e os do cliente, avaliar a concorrência, priorizar os esforços, identificar e definir as substituições, determinar as medidas para os requisitos do projeto e preencher as matrizes e os diagramas subseqüentes do QFD.

Essas matrizes e diagramas podem ser preenchidos à mão ou em computador. A Kelsey-Hayes Co. escolheu o último. "Levamos bastante tempo para formatar a Casa da Qualidade usando nosso sistema CAD/CAM", explica Peter J. Soltis, especialista Técnico Sênior da Engenharia de Produto da Kelsey-Hayes. "Demorou ainda um pouco mais para desenvolvermos o diagrama, mas ajudou muito nos subseqüentes. Podemos agora reduzir, substancialmente, nosso tempo de preparação. Com o uso do sistema CAD/CAM, podemos variar o tamanho dos diagramas, dependendo do objeto em estudo do QFD."

Aspectos da Implementação

Muitos desafios aguardam os defensores do QFD ansiosos por introduzir o processo em suas empresas: sobrecarga de informação, tempo, paciência e questões disciplinares; a herança japonesa; propriedade da informação. Além disso, o QFD não é o primeiro programa para melhoria de produto apresentado à indústria americana; a atitude de

O Apoio da Alta Administração É Essencial

A alta administração desempenha um papel-chave no desenvolvimento de produto no Japão. Criando uma direção estratégica ampla para a companhia, ela ajuda a definir o processo de desenvolvimento do produto. Esta direção estratégica ampla é resultado de uma constante monitoração do ambiente externo, identificando as ameaças da concorrência e as oportunidades de mercado, e da avaliação das forças e fraquezas da companhia.

Identificar ameaças da concorrência e oportunidades de mercado e avaliar as forças e fraquezas da companhia são duas das coisas que o QFD faz melhor. Para que o QFD funcione, entretanto, é preciso que a alta administração americana faça duas coisas:

- Assumir um compromisso com atividades inovadoras e lucrativas.

- Delegar autoridade para pessoas que melhor se ajustem a fazer acontecer aquela atividade.

O QFD requer um compromisso verdadeiro com o tempo — um compromisso que atravesse o ciclo de desenvolvimento do produto. Proporcionando à sua equipe de projeto o tempo para fazer certo o QFD, você estará estabelecendo o cenário para uma aplicação bem-sucedida.

O sucesso do QFD também pressupõe que vamos fazer as perguntas certas. Quais são as perguntas certas? Elas incluem os seguintes itens:

- Como foi determinada a voz do cliente?

- Como foram determinados os requisitos do projeto?

  (Os padrões internos habituais da empresa devem ser desafiados.)

- Como nos comparamos com o nosso concorrente?

- Que oportunidades podemos identificar para obter uma margem competitiva?

- De que informações adicionais precisamos? Como podemos obtê-las?
- Quais decisões sobre substituições precisam ser feitas?
- O que eu posso fazer para ajudar?

Há inúmeras coisas que você pode fazer para ajudar logo de início, uma das quais é assegurar que o QFD esteja sendo executado num ambiente que possa conduzi-lo ao sucesso. O QFD se enquadra muito bem num ambiente que encoraje os esforços criativos e a troca de informações. Embora o QFD mais provavelmente seja dirigido pela engenharia de projeto, ele deverá envolver todas as pessoas da empresa que atuem voltadas para o produto.

A gerência também deve empenhar-se no seu aperfeiçoamento com o QFD. Mas não se empenhe demais. O QFD é, essencialmete, uma experiência crescente em termos de como aprender fazendo. Com estímulo apropriado, os membros da equipe irão estender seus limites para além da sua própria curva de aprendizado.

A gerência deve promover instrução profissional em QFD para os membros da equipe ou, no mínimo, para seu líder. Tal instrução irá intensificar a conscientização e a transmissão do processo do QFD, assim como criará um interesse adicional no processo. Com um defensor do QFD na equipe gerencial, o QFD pode ajudar a sua empresa a melhorar sua atuação no mercado competitivo.

"prove para mim" quase sempre acompanha a implementação de tais programas.

Quando realizamos um estudo de caso com o QFD, experimentamos o que é um desafio. Além disso, o QFD pode ser percebido como uma sobrecarga adicional de trabalho, em vez de ser um modo melhor de fazer as coisas. Pode-se perder na desordem do dia-a-dia e ser entendido como apenas uma coisa para consumir mais tempo. Por isso, as pessoas tendem a querer desenvolver muito rápido o QFD, como por exemplo tentando determinar os requisitos do projeto antes das necessidades do cliente.

Também é muito importante que o QFD esteja integrado nas operações diárias, pois de outra forma será considerado uma tarefa a mais. Em alguns casos, o QFD deve ser modificado, de maneira a se tornar mais conveniente ou apto a funcionar.

O QFD requer paciência, tanto dos membros da equipe de projeto como da alta administração. Ele não irá gerar retorno rápido; por outro lado, produzirá benefícios duradouros. "Será que gerentes e engenheiros americanos terão a paciência necessária para usar o QFD, ou as pressões do trabalho diário vencerão?" pergunta Schaefer, da GM. "Até aqui, houve grande interesse e curiosidade. Mas, quando isso passar, será que vamos ter tempo para preencher nossas matrizes? Prefiro pensar que teremos a perseverança para realizar nosso trabalho de modo apropriado."

Como Schaefer ressaltou, o QFD requer disciplina: ele traz disciplina para uma organização, mas também pede disciplina como retorno. Ele exige que as pessoas trabalhem juntas e prestem atenção estrita aos detalhes, o que nem sempre é fácil.

"Outro desafio é instituir o método sem se fiar em histórias de sucesso", diz Michael E. Chupa, Vice-Presidente de Marketing da ITT Hancock, Jackson, Michigan. "Uma empresa normalmente não pode divulgar os resultados de um estudo de caso de QFD para seus concorrentes."

Este É o Momento

Apesar dos desafios, o QFD nos EUA tem sido cada vez mais utilizado, prova de que a indústria americana está aderindo a ele. Embora a maioria das informações contidas nos estudos de caso seja de propriedade das empresas, perguntas e respostas que dizem respeito à mecânica, aos benefícios e a aspectos problemáticos do QFD devem ser divulgadas. Sempre que possível, os estudos de casos devem ser partilhados com outros. Seminários abertos, *workshops*, conferências e seminários internos terão um papel importante na sua divulgação. Um grupo de usuários do QFD também poderia desempenhar um papel muito benéfico.

Empresas que se deparam com um crescimento rápido da sobrecarga de trabalho terão que trabalhar bastante no fortalecimento do QFD. Em tais situações, o apoio da alta administração é mais um pré-requisito para o sucesso. Uma administração astuta o bastante para reconhecer o valor do QFD deveria assegurar, à sua equipe de apoio, o treinamento e a experiência para fazer o QFD acontecer. A gerência que entra no QFD para valer, sem "mas", "porém" e "talvez", será recompensada. As administrações que não vêem necessidade ou utilidade no QFD devem dar uma olhada, de novo, para dentro das suas organizações e em direção aos anos 90.

O que mais devemos saber sobre a implementação do QFD? Apenas uma dúzia de palavras: encontre razões para o sucesso do QFD, e não, desculpas para o fracasso.

Conselhos dos Pioneiros em QFD

"Se uma empresa está saudável e obtendo novos negócios, a melhor maneira de começar é perguntando como o QFD se ajusta ao esquema da organização. O primeiro exercício será realmente uma experiência de aprendizado, mas você não se desapontará com os resultados."

Michael E. Chupa, Vice-Presidente de Marketing da ITT Hancock, Jackson, Michigan

"Uma das coisas que o QFD nos ajudará a superar é a departamentalização, que se constitui numa das barreiras que impedem sua implementação em larga escala. O primeiro passo é organizar uma equipe multidisciplinar. Todas as funções devem estar representadas."

Dr. Don Clausing, Professor Adjunto a Bernard Gordon, de Inovação e Prática de Engenharia, Massachusetts, Institute of Technology, Cambridge, Massuchusetts

"Nós usamos uma estratégia em duas partes para dar início ao QFD: sessões de conscientização e facilitação de estudos de caso. Cada sessão de conscientização tem duração de uma hora: 20 minutos de uma apresentação preparada e 40 minutos de perguntas e respostas. Aproximamos as pessoas de todos os níveis: altos executivos, média gerência e engenheiros de linha."

Robert J. Dika, Engenheiro Especialista em Garantia da Qualidade, Chrysler Corp., Highland Park, Michigan

"Você deve ser paciente, pois vai levar tempo. Você não pode ficar esperando implementar o QFD de uma vez em todo o quadro da empresa. Esta não é uma visão realista; você simplesmente não poderá contar com as pessoas e com o tempo para fazê-lo. Seja seletivo na escolha da aplicação do QFD e, então, faça com que aconteça passo a passo."

James T. Gipprich, Diretor de Desenvolvimento de Marketing, Kelsey-Hayes Co., Romulus, Michigan

"Nossa conclusão é de que você precisa de uma educação técnica em curto prazo, seguida de uma experiência de implementação com a mão na massa. Você também precisa ter acesso a alguém que possa rever o que foi feito e que ajude a corrigir e redirecionar seus esforços. Então, seu primeiro projeto em QFD será uma experiência significativa."

Calvin W. Gray, Vice-Presidente, Vendas e Operações Internacionais, Grupo Sheller-Globe, Detroit, Michigan

"Pegue um exemplo de como o QFD está sendo usado e terá um modelo em sua empresa; então, expanda a partir daí. Os americanos gostam de ver coisas na prática, evidências que mostrem ser melhor do que como estava sendo feito antes. Nós precisamos de bons exemplos no domínio público."

Walton M. Hancock, Decano Associado, Centro de Pesquisa em Manufatura Integrada, College of Engineering, University of Michigan, Ann Arbor, Michigan

"O QFD é como dirigir um carro — você não pode aprender tudo em sala de aula. Você tem que se sentar na direção e engatar as marchas. Tem que ser flexível também na sua abordagem; você deve desenvolver os diagramas para encontrar as suas necessidades."

Norman E. Morrell, Gerente de Qualidade e Confiabilidade, The Budd Co., Troy, Michigan

"É importante ter um líder de equipe, tanto quanto uma pessoa a quem recorrer externamente. A primeira deve ser uma pessoa com alto potencial, que tenha credibilidade na organização e com a mente aberta o suficiente para enxergar diferentes pontos de vista. A última deve ser um facilitador com grande experiência, que possa manter as coisas em andamento sem dirigir o projeto e não tenha nenhum interesse direto naquele projeto específico."

George A. Perry. Vice-Presidente de Qualidade e Confiabilidade da Allied Signal Inc., Automotive Sector World Headquaters, Southfield, Michigan

"Para citar o Sr. Fukuhara, 'você tem de pegar no lápis'. Não se pode apenas ficar falando, falando, até que se comece realmente a definir a voz do cliente e criar um diagrama. Não passa de conversa fiada. Você não é obrigado a fazer as coisas perfeitamente; já é um grande benefício o fato de estar fazendo uma tentativa."

Robert H. Schaefer, Diretor de Engenharia da Confiabilidade, Garantia e Validação de Produto do Chevrolet-Pontiac Canada Group, General Motors Corp., Warren, Michigan

"Anotar as informaçõs e mantê-las atualizadas é um procedimento bastante intenso de trabalho, que precisa de alguém responsável por ele. Essa pessoa pode variar, de acordo com a organização de cada empresa."

Raymond P. Smock, Gerente de Desenvolvimento de Conceitos Avançados da Qualidade, Garantia do Produto, Ford North American Automotive Operations, Dearborn, Michigan

"A mecânica do QFD pode ser aprendida num seminário. A informação verdadeira que você obtém do mercado, no entanto, dá significado real ao QFD. Formular um questionário, colocá-lo para funcionar e analisar os resultados são aspectos importantes do QFD."

Peter J. Soltis, Especialista Técnico Sênior em Engenharia do Produto, Kelsey-Hayes Co., Romulus, Michigan

APÊNDICE
Métodos Taguchi

No Japão, o Desdobramento da Função Qualidade (QFD) costuma ser usado em conjunto com os Métodos do Professor Taguchi. Os dois processos são complementares. O QFD identifica as correlações entre os *inputs* (itens "como") e *outputs* (itens "o que"), bem como os *inputs* conflitantes que devem ser ajustados. Muitas perguntas são levantadas durante o processo de QFD, tais como: "Qual a natureza das correlações?" e "Qual o melhor valor para os itens 'quanto'?" Os Métodos Taguchi definem a natureza dessas correlações e otimizam os i*nputs* conflitantes (Fig. A.1). Como descrito adiante, os Métodos Taguchi fazem com que os *outputs* não se sensibilizem com *inputs* incontroláveis, o que reduz a variação no desempenho. Essa redução na variabilidade resulta em redução de custo, melhoria do desempenho e da Qualidade.

O Dr. Genichi Taguchi desenvolveu os Métodos Taguchi combinando engenharia e métodos estatísticos, o que possibilitou o alcance de melhorias rápidas em termos de custo e Qualidade, pela otimização de projetos de produto e de processos de manufatura. Os Métodos Taguchi são não só uma filosofia, como também um conjunto de ferramentas usadas para a realização dessa filosofia (ver Fig. A.2).

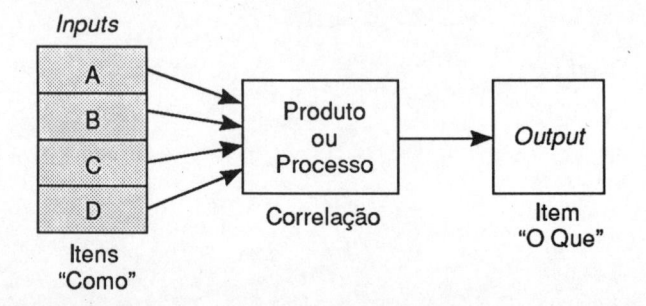

FIGURA A.1 O QFD identifica as correlações entre *inputs* e *outputs*, assim como *inputs* conflitantes que poderiam ser aprimorados com a aplicação dos Métodos Taguchi.

A filosofia de Taguchi pode ser resumida nas seguintes afirmações:

1. Não podemos reduzir custo sem afetar a Qualidade.
2. Podemos melhorar a Qualidade sem aumentar o custo.
3. Podemos reduzir custos melhorando a Qualidade.
4. Podemos reduzir custos reduzindo a variação. Quando fazemos isso, o desempenho e a Qualidade irão melhorar automaticamente.

Taguchi discorda da abordagem da Qualidade baseada na "conformidade com limites de especificação". A diferença

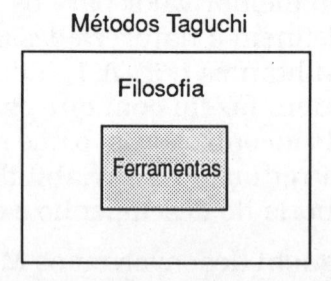

FIGURA A.2 Os Métodos Taguchi são uma filosofia e um conjunto de ferramentas usadas para permitir a realização dessa filosofia.

entre um produto razoavelmente dentro dos limites da especificação (1, Fig. A.3) e outro praticamente fora dos limites de especificação (2, Fig. A.3) é pequena, ainda que um seja considerado "bom" e o outro, "ruim". Os Métodos Taguchi visam a obter-se o mínimo de variação em torno do valor nominal, sem adicionar custo.

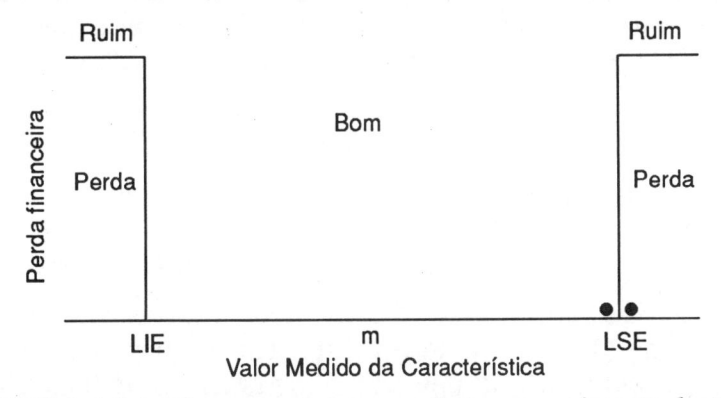

FIGURA A.3 A diferença entre um produto razoavelmente dentro dos limites das especificações (1) e outro um tanto fora dos mesmos (2) é pequena, ainda que um seja considerado "bom" e o outro "ruim". Segundo Taguchi, a variação mínima em torno do valor nominal (m) resulta em redução dos custos e perdas menores para o cliente.

Taguchi define Qualidade como a característica que evita "perdas para a sociedade" desde o momento em que um produto é lançado. Quando um produto não funciona como esperado, ele causa uma perda para o cliente. O cliente pode sofrer essa perda em pequena ou larga escala, por exemplo, com custos associados e reparos ou troca do produto, ou ainda prejuízo ou dano que o produto possa causar pela sua utilização.

Quando um produto é superprojetado, há perda para a empresa. O produto pode até mesmo ser inferior, pois ele pode ser mais pesado, menos eficiente ou maior que o necessário.

Toda perda acaba sendo sentida pela empresa, através dos custos de garantia, reclamações dos clientes, litígios e perda da reputação e da fatia do mercado.

De acordo com Taguchi, a Qualidade é melhor quando as características do produto estão de acordo com os objetivos (valores nominais) (Fig. A.4). À medida que as características se desviam dos objetivos, a Qualidade diminui, e aumentam a insatisfação do cliente e as perdas.

Termos-Chave de Taguchi

Confirmação de experimento: um experimento realizado sob condições definidas como ótimas por um experimento prévio. O objetivo é verificar as previsões experimentais.

Fator: um parâmetro ou variável que pode causar impacto no produto ou no desempenho do processo.

Gráfico linear: representação gráfica das atribuições. Cada gráfico linear é associado a um arranjo ortogonal. No entanto, um arranjo ortogonal pode ter vários gráficos lineares.

Perturbação: qualquer fator incontrolável que acarreta variação na Qualidade do produto. Há três tipos de perturbação: 1) "externa", ou devida a causas externas (i e., temperatura, umidade, operador, vibração etc.); 2) "interna", ou devida a causas internas (i.e., uso, deterioração etc.); e 3) "produto para produto", ou devida à variação de componente para componente.

Arranjo ortogonal: matriz de números dispostos em fileiras e colunas. Cada fileira representa a situação dos fatores num dado experimento. Cada coluna representa um fator ou condição específico(a) que pode ser alterado(a) a cada rodada de teste. O arranjo é chamado ortogonal porque os efeitos dos vários fatores nos resultados experimentais podem ser separados um do outro.

Determinação de parâmetros: é o segundo dos três estágios do projeto. Na determinação de parâmetros, são estabelecidos os valores nominais das dimensões críticas e as características para otimizar o desempenho, a um baixo custo.

Característica da Qualidade: uma característica de um produto ou processo que define sua Qualidade; a medida do grau de conformidade de algum padrão conhecido.

Função Perda da Qualidade (QLF, do inglês Quality Loss Function): representação parabólica da perda da Qualidade, que ocorre quando uma característica da Qualidade se desvia do valor nominal. A QLF é expressa em unidades monetárias.

Robustez: a condição de um produto ou processo que indica que ele funciona com uma variabilidade limitada, apesar de condições ambientais diversas ou modificadas, uso ou variação de componente para componente. Um produto ou processo é robusto quando sua variação funcional é limitada ou reduzida em presença de perturbação.

Taxa de Sinal de Perturbação (S/N): é um valor que caracteriza a Qualidade originária no campo de comunicações. Quando aplicada a projetos de experimentos, a taxa S/N é usada para avaliar a Qualidade do equipamento de teste e fazer a projeção do desempenho da Qualidade, no campo, a partir de dados experimentais. A taxa S/N é uma medida que indica o quão bem foi minimizada a variabilidade; quanto maior a taxa, mais robusto é o produto, i.e., sofre menos perturbação.

Desenho do sistema: é o primeiro dos três estágios do projeto. Durante o desenho do sistema, os conhecimentos científicos e de engenharia são aplicados na construção de um projeto de protótipo funcional, que é usado para definir as condições iniciais das características de projeto do produto/processo.

Projeto de tolerância: é o terceiro dos três estágios do projeto. O projeto de tolerância só é aplicado se a determinação de parâmetros não for aceitável em seu nível ótimo de projeto. Durante o projeto de tolerância, são considerados materiais mais caros ou processos com tolerâncias menores.

A curva mostrada na Fig. A.4 é conhecida como Função Perda e Nível da Qualidade (QLF, do inglês *Quality Loss Function*). A QLF é um sistema de melhoria do controle de custo, destinado a avaliar quantitativamente a Qualidade: avalia a perda da Qualidade devida a desvios sofridos pelo valor nominal nas características da Qualidade e, assim, expressa tal perda em unidades monetárias.

A QLF quantifica a economia anual de custo, na medida em que as características da Qualidade se aproximam dos

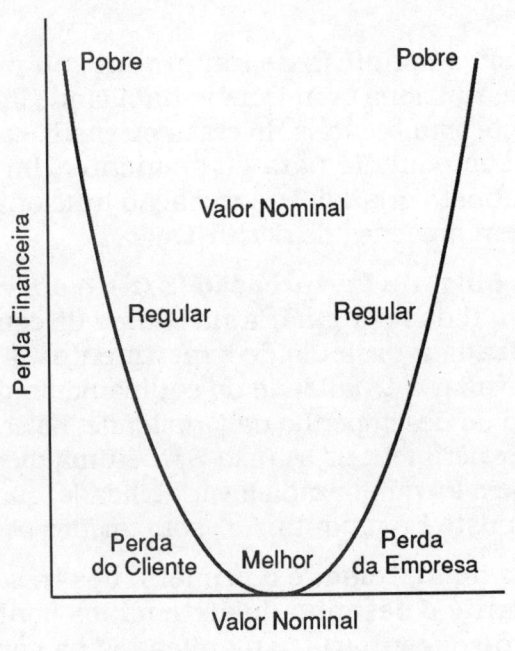

FIGURA A.4 À medida que as características do produto se desviam dos valores nominais, a Qualidade diminui e aumentam as perdas e a insatisfação do cliente.

objetivos (valor nominal), mesmo quando estão dentro do limite de especificação. É uma excelente ferramenta para avaliar a Qualidade nos estágios iniciais de desenvolvimento do produto ou processo.

Portanto, reduzir a sensibilidade à variação é a principal força dos Métodos Taguchi. A sensibilidade à variação é reduzida pelo ajuste dos fatores que podem ser controlados, de modo a minimizar os efeitos desfavoráveis que não podem ser controlados (ver Fig. A.5). O resultado é o que Taguchi denomina um projeto "robusto". Os fatores que podem ser controlados denominam-se fatores de controle; aqueles cujo controle é difícil, impossível ou caro são conhecidos como fatores de perturbação.

Taguchi identificou três tipos de fatores de perturbação: 1)"externo" (i. e., temperatura, umidade, operador, vibração etc.); 2) "interno" (i. e., uso, deterioração etc.); e 3) "produto para produto" (i. e., devido à variação de componente para componente). Os fatores de perturbação em geral causam desvios dos valores nominais das características do produto, os quais geram variação e perda da Qualidade.

Considere a seguinte analogia não-técnica. Temos uma série de escolhas quando se trata do tipo de grão de café, quantidade de pó de café e de água usada para fazer um bule de café, que podem ser, no caso, os fatores de controle. A menos que se compre água engarrafada ou se invista num

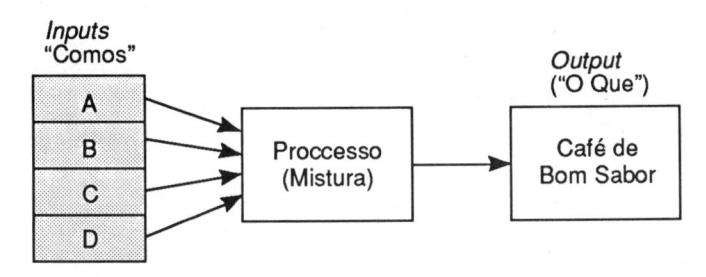

Inputs "Comos": A, B, C, D → Proccesso (Mistura) → *Output ("O Que")*: Café de Bom Sabor

	Inputs "Comos"	Escolhas 1	2	3
Fatores de Controle	A — Escolha do Grão de Café	A^1	A^2	A^3
	B — Quantidade de Café	B^1	B^2	B^3
	C — Quantidade de Água	C^1	C^2	C_3
Fatores 9 Perturbação	D — Pureza da Água	D^1	D^2	D^3

FIGURA A.5 No projeto de parâmetros, ajustamos os fatores de controle (parâmetros) para minimizar o efeito das perturbações. A meta é encontrar a combinação de fatores que resulte num desempenho mais estável e confiável a custo mais baixo.

sistema de purificação, o mais difícil de controlar é a pureza da água usada para fazer o café. Portanto, ela pode ser considerada um fator de perturbação. No projeto dos parâmetros, ajustamos os fatores de controle, de modo a minimizar o efeito dos fatores de perturbação. No nosso exemplo não-técnico, isto significa encontrar a melhor combinação de grão de café com quantidade de água que resulta no melhor sabor, com a variedade dos tipos de água. A meta final é fazer um café saboroso a baixo custo.

Os fatores de controle que minimizam os efeitos dos fatores de perturbação (e, portanto, reduzem a variação) são selecionados durante a determinação de parâmetros, que se segue ao projeto do sistema (ver Fig. A.6).

A meta da determinação de parâmetros é encontrar a combinação de materiais, processos e especificações que resulte num desempenho mais estável e confiável a um custo mais baixo durante a experimentação.

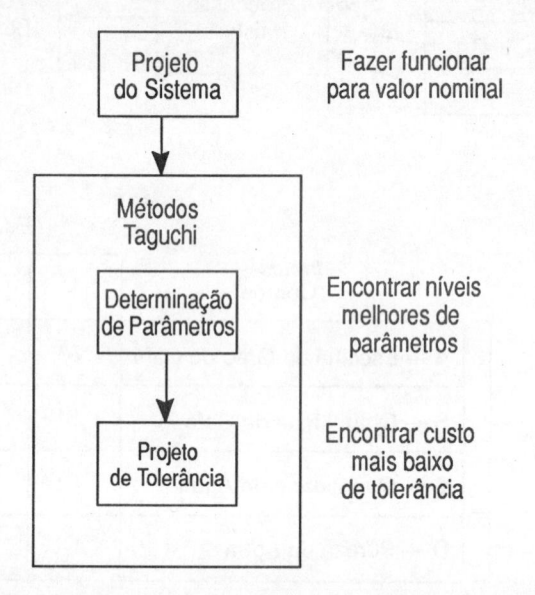

FIGURA A.6 A determinação de parâmetros se segue ao desenho do sistema, que é a criação do projeto do protótipo. Se o projeto não for aceitável para a determinação de parâmetros, então se aplica o projeto de tolerância (o qual normalmente adiciona custo).

Isto é alcançado pela maximização do valor da taxa de sinal de perturbação (S/N). A taxa S/N tem sua origem no campo das comunicações (o sinal representa o resultado desejado; a perturbação é tudo que acontece no caminho do sinal) e é uma medida estatística objetiva do desempenho e do efeito dos fatores de perturbação para o desempenho.

A taxa S/N mede a *estabilidade* da performance de uma característica da Qualidade. A QLF é usada, então, para avaliar o efeito daquela estabilidade em unidades monetárias; um alto desempenho (uma taxa S/N alta) implica baixa perda (o que será medido pela QLF). Quanto maior a taxa, mais robusto será o produto, ou seja, menos sujeito a perturbação. Quando a determinação de parâmetros é concluída, o projeto deve estar no ponto máximo de performance e a custo mais baixo. É muito importante fazer uma confirmação de experimento para verificar se os resultados experimentais podem ser mantidos na produção e na comercialização. Se o projeto não for aceitável para acompanhar a determinação de parâmetros, então implementa-se o projeto de tolerância, durante o qual são considerados para o projeto os materiais mais caros ou processos com tolerâncias menores.

Os engenheiros americanos tendem a passar do desenho do sistema para o projeto de tolerância, omitindo ou subutilizando a determinação de parâmetros. A Fig. A.7 ilustra o tempo total despendido por engenheiros americanos e japoneses para cada uma das fases: sistema, parâmetros e tolerância.

	EUA	Japão
Desenho do Sistema	70%	40%
Determinação de Parâmetros	2%	40%
Projeto de Tolerância	28%	20%

FIGURA A.7 Os engenheiros japoneses gastam o mesmo tempo em desenho do sistema e determinação de parâmetros, enquanto os engenheiros americanos gastam a maior parte do tempo em desenho do sistema, seguido pelo projeto de tolerância e deixando praticamente de lado a determinação de parâmetros.

Os Métodos Taguchi utilizam uma forma de projeto experimental que é muito mais coerente com aplicações industriais do que o clássico projeto de experimentos. Quando Taguchi ainda não havia criado o arranjo ortogonal, ele inventou os gráficos lineares, o que facilitou a utilização do arranjo ortogonal. Taguchi usa gráficos lineares em conjunto com arranjos ortogonais para atribuir números diferentes às situações de teste dos fatores; os arranjos, então, apontam para o efeito médio causado pela mudança de outras condições.

Os arranjos ortogonais têm a propriedade de possuir um par-guia de balanceamento: o nível para cada fator ocorre o mesmo número de vezes quantos são os níveis para todos os outros fatores (ver Fig. A.8). Isso minimiza o número de rodadas experimentais necessárias.

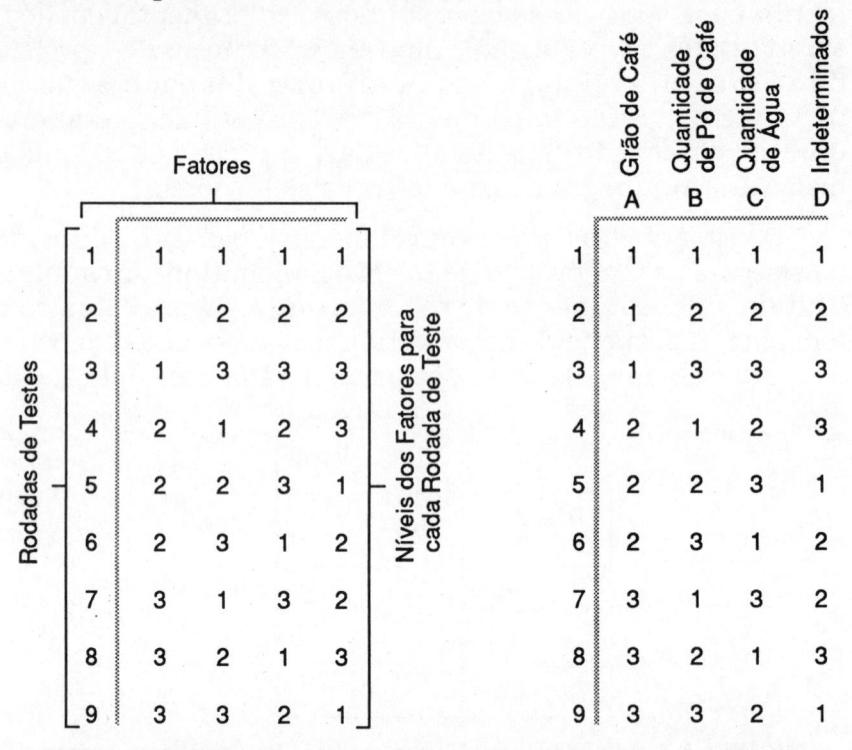

Rodadas de Testes	Fatores				Níveis dos Fatores para cada Rodada de Teste		Grão de Café (A)	Quantidade de Pó de Café (B)	Quantidade de Água (C)	Indeterminados (D)
1	1	1	1	1		1	1	1	1	1
2	1	2	2	2		2	1	2	2	2
3	1	3	3	3		3	1	3	3	3
4	2	1	2	3		4	2	1	2	3
5	2	2	3	1		5	2	2	3	1
6	2	3	1	2		6	2	3	1	2
7	3	1	3	2		7	3	1	3	2
8	3	2	1	3		8	3	2	1	3
9	3	3	2	1		9	3	3	2	1

FIGURA A.8 Este arranjo ortogonal, o L_9, mostra nove rodadas de teste com quatro fatores diferentes, cada um deles rodado em três situações diferentes. Cada fator é testado para cada situação o mesmo número de vezes, o que assegura a reprodução dos resultados. Os fatores de controle para o exemplo do bule de café estão mostrados à direita (o fator de perturbação deve ser colocado num outro arranjo ortogonal adjacente).

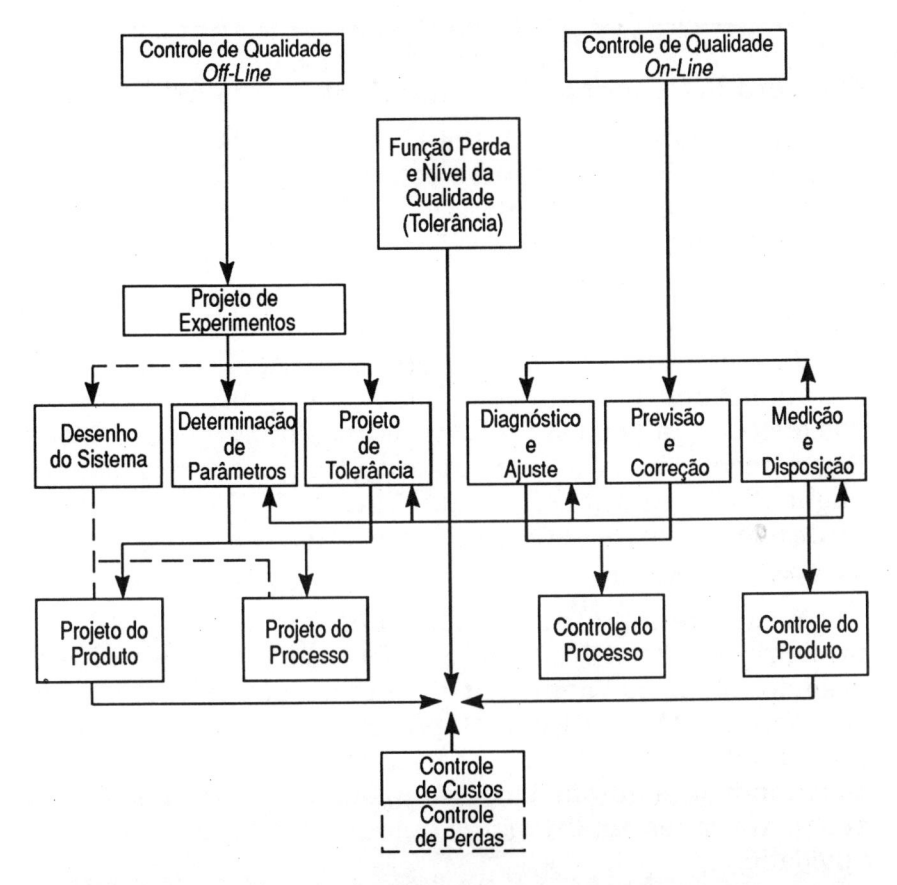

FIGURA A.9 Os Métodos Taguchi podem ser usados para o Controle da Qualidade *off-line* (otimização do projeto do produto ou do processo) e *on-line* (monitoramento do processo de produção em andamento). (Cortesia do Dr. W. H. Moore, Ford Motor Co., 1986.)

No Japão, os Métodos Taguchi são usados para o Controle da Qualidade *off-line* (otimização do projeto do produto e do processo) e *on-line* (monitoramento dos processos de produção em andamento) (ver Fig. A.9).

Taguchi recebeu quatro prêmios Deming por seu trabalho, bem como a Medalha Willard F. Rockwell por Excelência em Tecnologia, do Instituto Internacional de Tecnologia, que reconhece a geração, a transferência e a aplicação de tecnologia para melhoria da humanidade.

Os Métodos Taguchi Ganham Seguidores Americanos

Os executivos e engenheiros americanos que apóiam e praticam os Métodos Taguchi estão começando a entender a premissa do Dr. Taguchi de que a Qualidade pode ser melhorada sem aumentar o custo.

Muitas empresas americanas estão implementando os Métodos Taguchi, mas, por estes conterem informações confidenciais, os resultados de tais aplicações nem sempre podem ser publicados. Portanto, é difícil avaliar quantas aplicações dos Métodos Taguchi já foram realizadas nos Estados Unidos. Seguramente, mais de cinco mil estudos de caso dos Métodos Taguchi são realizados, anualmente, nos EUA. (Entretanto, no Japão, estima-se que o número anual de aplicações seja 20 vezes maior.)

A metodologia do Dr. Taguchi foi introduzida pela primeira vez nos EUA, no início dos anos 80. Os estudos de caso dos Métodos Taguchi apresentados no Primeiro Simpósio sobre os Métodos Taguchi, promovido pelo American Supplier Institute (ASI), Inc., em 1983, foram todos relacionados com a indústria automobilística. Agora, contudo, eles já estão sendo aplicados em inúmeras empresas de outros ramos de atividade.

A preparação e a apresentação de estudo de caso, assim como a interação técnica resultante, são ingredientes importantes da filosofia da Engenharia da Qualidade de Taguchi. O simpósio anual da ASI sobre os Métodos Taguchi é uma referência para a apresentação de estudo de caso. Além disso, diversas empresas que adotaram os Métodos Taguchi estão promovendo seus próprios simpósios internos.

Num documento elaborado no início de 1987, Lawrence P. Sullivan, Chairman da ASI, descreveu os resultados dos Métodos Taguchi em três empresas americanas que os adotaram, uma grande, uma média e uma de pequeno porte:

- A ITT treinou 1.200 engenheiros nos Métodos Taguchi e concluiu 2.000 estudos de caso, resultando numa economia de custos da ordem de 35 milhões de dólares.

- A Sheller-Globe treinou 120 engenheiros nos Métodos Taguchi e concluiu 225 estudos de caso, tendo obtido uma economia de custos de 10 milhões de dólares.

- A Flex Technologies treinou 12 engenheiros nos Métodos Taguchi, concluiu 75 estudos de caso e registrou uma economia de custos de 1.400.000 dólares.

As empresas americanas podem beneficiar-se dos Métodos Taguchi tanto no Controle da Qualidade *off-line* (otimização do projeto do produto ou processo) quanto no *on-line* (monitoramento dos processos de produção em andamento). A maioria dos estudos de caso sobre os Métodos Taguchi realizados nos EUA envolve as atividades de Controle da Qualidade *off-line*. O desafio é começar a usar a metodologia também nas atividades de Controle da Qualidade *on-line*, e utilizar os Métodos Taguchi em conjunto com o Desdobramento da Função Qualidade (QFD).

Anotações

Entre em sintonia com o mundo

QualityPhone:
0800-263311
Ligação gratuita

Rua Teixeira Júnior, 441
São Cristóvão
20921-400 – Rio de Janeiro – RJ
Tel.: (0XX21) 3860-8422
Fax: (0XX21) 3860-8424

www.qualitymark.com.br
E-Mail: quality@qualitymark.com.br

DADOS TÉCNICOS

FORMATO: 16 x 23

MANCHA: 11,5 x 19,5

TOTAL DE PÁGINAS: 124

Impresso em offset nas oficinas da
FOLHA CARIOCA EDITORA LTDA.
Rua João Cardoso, 23 – Tel.: 2253-2073
Fax: 2233-5306 – CEP 20220-060 – Rio de Janeiro – RJ